*Un grand merci à mon oncle adoré Christian dont les conseils sont toujours précieux. Mon amour à ma grand-mère Arlette. Et bien entendu, toute ma dévotion, mon amour et ma gratitude éternelle à Dieu et au Christ pour leur présence, amour, inspiration, guidance, et protection.*

Editeur : Angelo Santo

4152 56th Way N

St Petersburg, Etats-Unis

ISBN : 9791092924190

Imprimé à la demande par Amazon

Première édition : mai 2023

Copyright 2023 Angelo Santo

Toute traduction, reproduction, utilisation, en tout ou en partie, sous quelque forme que ce soit, y compris l'internet, est interdite sans l'autorisation de l'auteur. Toute autre utilisation, reproduction, diffusion, publication ou retransmission du contenu est strictement interdite sans l'autorisation écrite du détenteur des droits d'auteur. (art. L. 122-4 du CPI).

La personne qui reproduit sans l'autorisation de l'auteur une œuvre pour mettre celle-ci à la disposition du public par tous moyens et supports, y compris l'internet, commet un acte de contrefaçon. Toute utilisation frauduleuse d'écrits, vidéos, œuvres d'art, est une contrefaçon et toute contrefaçon est un délit (art. L. 335-2 du CPI).

Illustrations crées avec Midjourney.

# ANGELO

# LA PRIERE

LES LIVRES SPIRITUELS

*Jésus et ses anges*

# INTRODUCTION

*Un ouvrage d'influence chrétienne*

Aussi longtemps que je puisse me souvenir, j'ai toujours éprouvé un profond amour pour Dieu. Chaque année, au moment des fêtes de Noël, et tandis que je n'étais qu'un jeune enfant, nous regardions avec mon père le film sur la vie du Christ. Inlassablement lors de la crucifixion, je m'effondrai en pleurs. Il n'était pas rare que je rêve d'êtres bienveillants présents autour de moi, et ce n'est que plus tard que je compris qu'ils étaient les anges du Seigneur. Je me souviens également avoir eu un songe avec Dieu lui-même, et bien que n'ayant pas encore atteint cinq ans, je lui demandai comment demeurer sans cesse avec lui.

Baptisé, j'ai grandi au sein d'une famille catholique. Membre de la paroisse de la ville, je suivis le catéchisme, fis ma première communion et confirmation, et élevai ma conscience concernant l'existence de Dieu. Ma vie d'adolescent ne fut pas aussi intense en termes de prières qu'elle ne peut l'être aujourd'hui. Je grandis en effet avec les préoccupations de tout jeune de mon âge. Mais je conservai néanmoins en moi cette conviction en la présence de Dieu et mon amour pour lui.

C'est bien des années plus tard, et du fait de certaines rencontres malveillantes, que ma spiritualité emprunta un tournant majeur qui renforça ma foi. J'avais à ce moment-là besoin d'un refuge, de protection, de soutien et de guidance. Je pus constater alors à quel point les « voies du Seigneur sont impénétrables », et comment nous devons parfois suivre d'étranges chemins pour que notre destinée se réalise. Depuis ce jour, ma pratique de la prière s'est étendue de manière exponentielle. Et plus ma dévotion se développa, plus j'assistai aux miracles de Dieu.

2016 fut l'année où je m'ouvris au public avec ma chaîne YouTube (« *Angelo Santo* »). Si au départ j'abordai des thèmes spirituels variés, je décidai ultimement de dédier ma chaîne à Dieu, au Christ et aux anges.

Je m'aperçus au fil des années que nombreux furent ceux qui m'indiquèrent désirer prier, sans avoir aucune idée de comment procéder. La prière leur apparaissait comme une science obscure, abstraite, et hors de leur portée. J'ai voulu par ce livre remédier à cette souffrance, et rédiger ce guide, qui bien que ne visant pas à être exhaustif, cherche à être le plus complet et pragmatique. Le but est de donner à chacun les outils pour efficacement prier. Car la réalité est que la prière n'est pas difficile ni compliquée, elle ne requiert que la volonté sincère du croyant de se rapprocher de Dieu.

Cet ouvrage n'est pas qu'un recueil de prières. Il est avant tout destiné à vous la faire comprendre, en détaillant ses mécanismes et en répondant au plus grand nombre de questions que vous pourriez avoir à son sujet. Ces informations acquises vous permettront d'obtenir davantage de résultats. Je souhaite également ici vous permettre de devenir autonome, c'est-à-dire de pouvoir développer votre lien personnel à Dieu, et d'être en mesure de rédiger vos propres prières.

*Cet ouvrage est d'influence chrétienne.* Vous n'avez dès lors nullement besoin de pratiquer la religion catholique (ou autre), d'aller à l'église tous les dimanches, ou d'être baptisé pour bénéficier des informations ici présentées. Si vous croyez en Dieu, en Jésus et en la Vierge Marie, alors ce livre vous sera utile.

*Cet ouvrage est d'influence chrétienne.* Le pivot de ma spiritualité est le Christ, sa vie, son enseignement, qui se retrouvent dans le Nouveau Testament. Je n'ignore pas l'Ancien Testament, et de fait vous trouverez de nombreux passages empruntés à ce dernier à l'appui de mes propos. Mais en tant que spiritualiste chrétien je ne peux que me fonder principalement sur le Nouveau Testament qui a apporté une nouvelle parole de Dieu fait homme, prodigué un nouvel élan, un nouveau message, une nouvelle dynamique, et une plus grande ouverture et tolérance.

*Cet ouvrage est d'influence chrétienne.* Cela signifie que bien que je détaille dans ce livre des clés et outils issus de mon vécu et de ma pratique afin que vous puissiez prier et optimiser votre spiritualité, je me refuse tout dogmatisme ou prosélytisme. Le Christ nous a enseigné la tolérance, et si je partage le fruit de mon expérience, je laisse le lecteur libre de décider si les informations délivrées ici résonnent en lui. Parce que l'ouverture est une valeur fondamentale dans mon travail, vous trouverez assez peu de contraintes. Il est des règles que je qualifierais d'élémentaires, mais pour le reste vous verrez qu'elles sont peu nombreuses. Je peux en revanche attester personnellement de l'efficacité de cette pratique, tout en laissant libre le lecteur de pratiquer comme il l'entend.

Les informations données dans toute la première partie de cet ouvrage s'appliquent que vos prières soient dirigées vers Dieu, Jésus, ou tout ange ou saint. La seconde partie comprend des prières à Dieu, à Jésus et à la Vierge Marie. Je tiens à préciser que dans la grande majorité des cas lorsque je cite « Dieu », le terme peut être substitué par « Christ ». Souvenons-nous en effet de ses paroles : « *Moi et le Père sommes un* » (Jean 10:30). Si je souhaite spécifiquement mentionner Dieu, j'utiliserai, outre ce nom, d'autres tels que : Père, Créateur, Éternel. Le « croyant » décrit toute personne désireuse de recourir à la prière pour se rapprocher de Dieu ; aucune connotation religieuse particulière différente que celle-ci n'y est attachée.

Enfin, je tiens à préciser que j'ai surtout voulu faire de cet ouvrage un fantastique témoignage de foi et d'amour à Dieu, que je vénère de toutes les fibres de mon être. Il est un formidable Père, et nous sommes privilégiés de pouvoir avoir accès à lui en ouvrant notre cœur. Plus qu'un ouvrage expliquant la prière et en en partageant certaines, l'objet de ce livre est de vous transmettre cet amour envers le Créateur, et de vous aider à vivre chaque jour de votre vie dans la conscience et l'amour de Dieu.

Je vous remercie pour votre achat. Je suis honoré de pouvoir vous livrer le résultat d'années de recherches et de travail, et je me réjouis d'avance des effets que cet enseignement aura sur votre vie.

Que Dieu vous bénisse.

Angelo Santo, St Petersburg, décembre 2022

*« Tout est possible à celui qui croit »*

(Marc 9:23)

# PARTIE 1

# LA PRIERE

« *Comme je vous ai aimés, vous aussi aimez-vous les uns les autres.* »

(Jean 13:34)

# CHAPITRE 1
# COMPRENDRE LA PRIERE

La prière – du latin *precaria* : « supplique écrite » - est un acte merveilleux. Elle vise à nous rapprocher du Créateur, et nous élève au-dessus de toute limitation d'espace et de temps afin d'atteindre Dieu. En nous liant au divin, elle peut être entendue comme « la ligne téléphonique » directe du Père.

## Pourquoi prier ?

Nul ne discutera de la perte du sacré dans nos sociétés occidentales qui privilégient la matière au travers de la télévision, des portables, des réseaux sociaux, de la consommation excessive. Cette désacralisation, qui mène aux souffrances et à la maladie, fut prédite il y a bien longtemps. Ainsi dans 2Timothée3, il est dit au sujet des hommes : « *Ils seront ingrats, dépourvus de respect pour ce qui est sacré.* ».

L'incarnation est difficile, car composée de forces contraires : notre essence est divine, mais nous vivons dans un corps de chair sujet aux désirs, à l'ego et à toutes les passions. Ces dernières nous maintiennent prisonniers de la matière puisqu'elles mènent au goût pour le pouvoir, l'argent, la gloire, ou les ambitions. En résultent addictions, vices, luxure, sentiments tels que la colère, l'envie de contrôler, la convoitise, la jalousie, la rancune, la peur, la haine. Vivre avec pour unique préoccupation notre existence humaine nous expose à subir les tourments et pièges de cette existence, à être dominés par nos instincts, guidés par nos émotions, et par voie de conséquence à souffrir toujours davantage.

A l'inverse, la prière constitue notre oxygène physique, spirituel, émotionnel et mental. Sans celle-ci, et de la même manière qu'une fleur privée d'eau et de soleil se meurt, nous nous affaiblissons, déclinons, et fanons. Bien qu'étant incarnés dans un corps de chair au sein d'un monde matériel, nous sommes des âmes issues de Dieu. Négliger la prière – voire s'en détourner – nous coupe de notre essence divine et nous éloigne du Créateur. En conséquence, nous permettons à d'autres forces, bien plus obscures, de prendre le contrôle. En pratiquant la prière, nous sublimons notre condition instinctive, cessons d'être victimes de ces passions destructrices, et nous pouvons nous prémunir de ces émotions et pensées négatives. Elle donne une dimension spirituelle à notre existence, nous aide à ne plus vivre telle une personne aveugle dans un monde inconnu. Nous sommes en mesure d'avancer sur notre chemin en étant éclairés et guidés par Dieu. En nous ouvrant à lui, nous profitons de son assistance, de sa présence, de ses grâces. Vivre sans la prière équivaut à conduire une voiture sans permis : nous nous exposons tôt ou tard à l'accident. A l'inverse, en l'intégrant dans notre vie, nous bénéficions d'un moniteur à nos côtés. Il nous laisse conduire, mais est prêt à agir en cas de besoin : il peut modifier la direction du véhicule, emprunter une nouvelle route, freiner si cela est nécessaire, accélérer si la voie est libre, et nous préserver de tout danger.

La prière apparait non seulement comme indispensable, mais salutaire. Il n'y a pas de hasard si les grandes figures spirituelles comme les saints ont passé toute leur vie à prier. Cette discipline, conjuguée à la manière dont ils ont mené leur existence, leur a permis d'atteindre la sainteté. Le Christ lui-même nous a recommandé et enseigné la prière, puisqu'elle demeure capitale. Il représente par ailleurs un exemple auquel nous pouvons facilement nous identifier puisque par l'incarnation, il a également éprouvé la souffrance et les passions humaines. Pour autant, il a en permanence conservé son lien avec le Père. Et étant « *le chemin, la vérité et la vie* » (Jean 14:6), il nous montre la voie à suivre.

Quel que soit son objet, la prière constitue *un acte d'amour, de foi et de dévotion envers Dieu*. De foi, car sans la conviction profonde de l'existence du Créateur, il n'est point de prière. Cette dernière implique la certitude absolue en cette force supérieure que nous appelons Dieu, en notre essence divine, et en ce lien qui nous unit. D'amour et de dévotion puisque par elle, nous manifestons notre gratitude et notre adoration.

Enfin, la prière nous permet de faire bénéficier autrui (famille, amis, personnes rencontrées dans la rue ou à toute autre occasion) de la présence de Dieu. En priant pour les autres, nous les aidons à être soutenus, guidés et assistés. Ce faisant, nous remplissons pleinement notre rôle de conduit de la lumière de Dieu.

## Le mécanisme spirituel de la prière

Parce que nous sommes des âmes issues du Père incarnées dans la matière, nos énergies se divisent en une portion humaine et en une portion divine. Ceux qui n'ont pas de conscience ou de sensibilité spirituelle particulière n'utilisent que peu durant leur vie cette partie divine. A l'inverse, une personne pieuse ou qui conduit sa vie pour faire le bien va l'illuminer régulièrement. C'est l'activation de cette partie issue de Dieu qui permet la connexion et la communication avec le divin. Vous n'avez pas besoin d'être au fait de ce processus qui s'enclenche automatiquement dès que vous entrez en prière.

## Les différents types de prières

La prière peut se catégoriser selon son objet. Il est de multiples manières de les distinguer ; en voici une que je vous soumets.

### *La prière d'adoration*

Elle a pour objet d'exprimer notre vénération envers Dieu. Puissante, elle nous permet de nous rapprocher du Créateur en témoignant notre dévotion. C'est un acte de ferveur absolue, de totale appartenance au divin. Lorsque nous nous ouvrons ainsi à lui, nous bénéficions de son amour de façon décuplée. Dieu chérit chacun de ses enfants, même ceux qui l'ignorent, mais en lui exprimant expressément notre adoration nous attirons de manière plus directe et consciente sa présence dans nos vies.

*La prière de confession ou de pénitence*

Elle consiste à faire amende honorable auprès de Dieu. Il s'agit ici d'un acte d'humilité où le croyant admet ses imperfections et en demande le pardon. Cette prière, qui peut être pratiquée quotidiennement, est également une marque de déférence envers le Père, de la même manière qu'un enfant présente ses excuses à ses parents s'il ne s'est pas bien comporté. Elle obéit à l'axe hiérarchique vertical créateur-créature. En effet, si nous sommes issus de Dieu, nous ne sommes pas Dieu. Il n'y a qu'un seul Dieu omniscient et omnipotent, et nous lui devons amour, respect, humilité et gratitude. Dans son immense bonté, il sait que nous sommes imparfaits et qu'au cours de notre vie notre pied heurtera plus d'une pierre. Il ne nous juge jamais et se montre toujours disposé à nous pardonner lorsque nous nous présentons devant lui avec modestie, sincérité et responsabilité.

*La prière de gratitude*

Elle est utilisée afin d'exprimer notre reconnaissance, et peut être spécifique ou générale. Lorsqu'elle est spécifique, nous remercions Dieu pour une grâce obtenue à la suite d'une demande. Si vous avez déjà aidé une personne ingrate, vous savez comme ceci peut être irritant. Bien que toute assistance à autrui ne doive rien attendre en retour, cette simple courtoisie est toujours appréciée. Il en va de même envers Dieu vis-à-vis duquel il est bon d'exprimer cette politesse lorsqu'il répond à nos demandes.

La prière de gratitude générale est probablement la plus importante. Nous ne remercions pas Dieu pour une grâce particulière, mais pour notre vie en général. Nombreux sommes-nous à passer notre temps à nous plaindre de ce que nous n'avons pas, n'avons plus, aurions pu avoir, aurions dû avoir, ou de ce que les autres ont et que nous n'avons pas. Ce faisant, nous oublions tout ce pour quoi nous pouvons manifester notre reconnaissance. Être en vie, même si parfois l'existence est difficile par moments, est un don de Dieu. Des centaines de milliers d'individus décèdent chaque jour ou chaque nuit, et chaque matin quand nous ouvrons les yeux nous sommes épargnés : c'est une gratitude. Avoir nos parents, des enfants, une famille, un toit, un travail, de quoi manger, des amis, la santé, sont autant de raisons de louer Dieu alors que tant de personnes sont isolées, malades ou mourantes. Cette prière est puissante car plus nous exprimons notre reconnaissance, plus de nouvelles voies, opportunités et perspectives heureuses se manifestent. Dirigez votre attention sur ce dont vous disposez, réjouissez-vous, témoignez à Dieu vos remerciements et vous obtiendrez davantage de bénédictions.

*La prière d'assistance*

Probablement la plus populaire : elle est utilisée afin d'obtenir une grâce à la suite d'une demande. L'assistance sollicitée peut être personnelle ou concerner autrui. Elle est plus puissante lorsqu'exprimée pour une tierce personne puisque ce faisant nous appliquons l'enseignement du Christ en manifestant notre cœur, empathie, compassion et générosité. Cette prière pour autrui peut viser un être vivant (humain, animal, végétal), décédé, l'humanité, une cause, certaines âmes comme nos ancêtres, ou celles qui n'ont pas encore rejoint les Cieux.

*Les neuvaines et le Rosaire*

Les neuvaines et le Rosaire ne sont pas des catégories de prières, mais une modalité de pratique de la prière. Elles peuvent être d'adoration, de gratitude, de confession ou d'assistance. Voir plus loin dans ce livre.

# LA PRIERE

*Notre mère à tous, la Sainte Vierge*

# LA PRIERE

## CHAPITRE 2
## LE NOTRE PERE

### Généralités

Le « Notre Père » est la prière centrale, transmise par le Christ à la demande de l'un de ses disciples (Luc 11). Voici le texte de cette magnifique prière dans la version qui m'a été enseignée lorsque j'étais enfant :

« Notre Père qui es aux Cieux,

Que ton nom soit sanctifié,

Que ton règne vienne,

Que ta volonté soit faite sur la Terre comme au Ciel,

Donne-nous aujourd'hui notre pain quotidien,

Pardonne-nous nos offenses comme nous pardonnons aussi à ceux qui nous ont offensés,

Ne nous soumets pas à la tentation, mais délivre-nous du mal.

C'est à toi qu'appartiennent pour les siècles des siècles le règne, la puissance et la gloire.

Amen. »

Cette prière agrège l'adoration, la confession et l'assistance. Elle est le socle de notre foi, son pilier. Elle permet de nous connecter à Dieu, d'ouvrir un canal et de faire descendre sur nous sa lumière.

Étudions chaque phrase. Il est important qu'elle soit plus qu'une récitation et que vous puissiez l'utiliser en conscience. Pour être efficaces, vos prières ne peuvent être mécaniques. Elles doivent être vécues, éprouvées, ressenties et comprises.

*« Notre Père qui es aux Cieux »*

Nous commençons avec respect en prenant acte que Dieu est notre Père, ce qui fait de lui notre créateur et nous ses créatures. Nous disposons donc en nous d'une graine d'énergie divine, de la même manière qu'un enfant, sans être son père, en porte les gènes. Admettre le statut de père à Dieu consiste à accepter le lien de subordination qui nous unit à lui. Cela implique le respect qui lui est dû. Par ailleurs, il est écrit « Notre Père » et non « Mon père ». Un enfant n'a qu'un seul père biologique, mais Dieu est notre Père à tous. Nous reconnaissons ainsi qu'il est le créateur de toute chose.

Dieu est aux Cieux. Il est donc « en haut ». Les plans spirituels sont divisés en plusieurs niveaux selon leur degré de lumière et de proximité avec Dieu. Ceci explique que spontanément lorsque nous prions nous élevions notre regard.

*« Que ton nom soit sanctifié »*

Dieu n'est pas un nom propre, c'est un statut. Le nom de Dieu dans les écritures se décline en quatre lettres, le tétragramme YHWH/YHVH (voir Esaïe 43:15 de la Bible de Jérusalem, ou Exode 3:15 qui traduit ce nom par « Éternel »). La prononciation de ces quatre lettres est inconnue, mais en découlent les termes suivants : « Yahvé » (prononcez « Yavé »), « Yahweh » (prononcez « Yaouais »), « Yah », ou encore « Jéhovah » qui est apparu durant la période du Moyen-Age et que l'on trouve également dans certaines traductions anglaises comme la King James Bible et dans la Bible de Genève. Connaître ce nom est important comme l'indique le psaume 91:14 : « *[...] je le protègerai **puisqu'il connait mon nom*** ». Pour autant, ce nom n'est pas utilisé par l'Eglise catholique qui préfère les termes de « Seigneur », ou « Éternel », par respect notamment pour la religion juive qui interdit son usage du fait du troisième commandement (« *tu n'utiliseras pas le nom de YHWH ton Dieu en vain* »).

Ces débats sur le véritable nom de Dieu peuvent intéresser les scolaires, ils sont sans préjudice pour le croyant dans le cadre de cet ouvrage, et nous continuerons à utiliser les termes courants de « Dieu » et « Seigneur ». Enfin, ce nom est saint et sacré, et de ce fait se doit d'être respecté, adoré, vénéré et sanctifié.

### *« Que ton règne vienne »*

Si Dieu est le créateur suprême, pourquoi espérer que son règne vienne ici-bas ? Dieu a créé le monde et de tout ce qui y vit, mais nous a également dotés du libre arbitre, ce pouvoir de faire des choix et qui est au cœur de notre développement. Cette aptitude à prendre des décisions nous permet d'apprendre et d'évoluer, puisque sans cette capacité nous ne serions que des pantins sans conscience, et l'existence serait sans objet. Ce libre arbitre conféré par le Père est le plus beau cadeau d'amour qu'il ait pu nous donner, mais s'est avéré être notre plus grande malédiction. Sujet aux passions et à l'ego, l'Homme l'a utilisé de manière préjudiciable et contraire aux Lois divines, en cédant à tous les pièges et tentations des forces du malin. Il en résulte un monde qui bien que créé par Dieu, est désormais gouverné par le mal : guerres, famines, violences, etc. Par ce verset, le croyant exprime son désir du retour et de la suprématie des énergies divines sur Terre.

### *« Que ta volonté soit faite sur la Terre comme au Ciel »*

Ce verset complète le précédent. Le croyant aspire à ce que seule la volonté de Dieu prime sur Terre de la même manière qu'aux Cieux. Rappelons à ce sujet les paroles du Christ à Dieu lors de sa passion tandis qu'il commença à éprouver la peur et le désespoir : « *Mon Père, s'il est possible, que cette coupe s'éloigne de moi ! Toutefois, non pas ce que je veux, mais ce que tu veux* ». Ou encore : « *Mon Père, s'il n'est pas possible que cette coupe s'éloigne sans que je la boive, que ta volonté soit faite !* » (Matthieu 26).

La volonté de Dieu est celle qui ultimement doit prévaloir, de la même manière que celle d'un père doit être respectée et appliquée par son enfant. Disposer du libre arbitre n'est pas antinomique puisqu'il doit nous permettre de faire des choix en osmose avec la volonté du Père. Nous retrouvons ce concept tout au long du Psaume 119, dont voici quelques passages :

« *Heureux ceux qui sont intègres dans leur voie, qui marchent selon la loi de l'Éternel ! Heureux ceux qui gardent ses préceptes, qui le cherchent de tout leur cœur. Qui ne commettent point d'iniquité, et qui marchent dans ses voies !*

*Tu as prescrit tes ordonnances, pour qu'on les observe avec soin. Puissent mes actions être bien réglées afin que je garde tes statuts.*

*Alors je ne rougirai point, à la vue de tous tes commandements. Je te louerai dans la droiture de mon cœur, en apprenant les lois de ta justice.*

*Je veux garder tes statuts : ne m'abandonne pas entièrement ! Comment le jeune homme rendra-t-il pur son sentier ? En se dirigeant d'après ta parole. Je te cherche de tout mon cœur : ne me laisse pas égarer loin de tes commandements !* »

Honorer la volonté de Dieu consiste à appliquer ses règlements. Je mentionnerai souvent dans cet ouvrage les « Lois divines » qui résultent en premier lieu des commandements divins que je synthétise ci-dessous (pour lire le texte *in extenso* voir Deutéronome 5 et Exode 20) :

**Premier commandement**
Tu n'auras pas d'autre Dieu que moi.

**Deuxième commandement**
Tu ne pratiqueras pas l'idolâtrie.

**Troisième commandement**
Tu ne prendras point le nom de l'Éternel, ton Dieu, en vain.

**Quatrième commandement**
Tu feras du jour de repos un jour sacré.

**Cinquième commandement**
Tu honoreras ton père et ta mère.

**Sixième commandement**
Tu ne tueras pas.

**Septième commandement**
Tu ne commettras pas d'adultère.

**Huitième commandement**
Tu ne voleras pas.

**Neuvième commandement**
Tu ne porteras pas de faux témoignage contre ton prochain.

**Dixième commandement**
Tu ne convoiteras pas.

A ces commandements s'ajoute l'enseignement du Christ tel que délivré dans le Nouveau Testament, et cette combinaison forme les Lois divines. Au mieux vous conduisez votre vie en accord avec ces Lois, au plus près vous appliquez la volonté de Dieu sur Terre.

*« Donne-nous aujourd'hui notre pain quotidien »*

Nous demandons à Dieu de prendre soin de nous chaque jour. Le pain représente la nourriture du corps, mais également toute chose qui pourrait nous être nécessaire, de telle sorte que grâce à lui nous ne soyons dépourvus de rien. Nous le sollicitons en tant que Père pour qu'il réponde aux besoins des enfants que nous sommes, soulignant une fois encore le lien de subordination qui nous unit à lui.

*« Pardonne-nous nos offenses comme nous pardonnons aussi à ceux qui nous ont offensés »*

Ce verset est sans aucun doute celui qui est le moins appliqué par le croyant. Combien de personnes ne pardonnent pas ceux qui les ont blessés ? Le pardon est la clé du chemin divin. Le Christ lui-même, dans Matthieu 5:44, affirme : « *Vous avez appris qu'il a été dit : tu aimeras ton prochain, et tu haïras ton ennemi. Mais moi, je vous dis : aimez vos ennemis, bénissez ceux qui vous maudissent, faites du bien à ceux qui vous haïssent, et priez pour ceux qui vous maltraitent et qui vous persécutent, afin que vous soyez fils de votre Père qui est dans les cieux.* »

Nous ne pouvons réciter le « Notre Père » et espérer bénéficier de grâces si nous sommes incapables de pardonner. L'écart spirituel qui nous sépare de notre prochain est bien plus ténu de celui qui nous distingue de Dieu, qui pourtant nous pardonne nos imperfections. S'il peut le faire, nous nous devons à notre tour de faire de même envers nos frères et sœurs humains.

*« Ne nous soumets pas à la tentation, mais délivre-nous du mal »*

Je conserve ce verset bien qu'il ait été changé par l'Église au motif que Dieu ne peut nous soumettre à la tentation. La nouvelle version est : « Et ne nous laisse pas entrer en tentation ». Le verset traditionnel n'implique pas dans son esprit que Dieu nous assujettisse à la tentation. Je le comprends comme signifiant « ne nous laisse pas y être soumis », et si nous y succombons, de nous en délivrer.

*« C'est à toi qu'appartiennent pour les siècles des siècles le règne, la puissance et la gloire. Amen »*

Verset d'adoration de Dieu tout puissant et omnipotent. Et qu'il en soit ainsi de tout ce qui précède.

## CHAPITRE 3

# LES ELEMENTS DE LA PRIERE

On me demande souvent comment efficacement prier. La bonne nouvelle est que la prière n'a pas à être complexe. Elle peut être aussi simple ou élaborée que vous le souhaitez. Certains aimeront intégrer des éléments exogènes (tels qu'un autel, des bougies, de l'encens, voir plus loin dans ce livre), mais cela n'est pas une obligation. En tant que telle, la prière ne nécessite pas grand-chose, si ce n'est le désir sincère du croyant de se rapprocher de Dieu.

### 1. Éléments communs à toute prière

Parce que la prière unit la créature à son Créateur, elle implique de la part du croyant la reconnaissance de l'existence d'un être supérieur duquel il est issu. En découlent l'amour, le respect, l'humilité et la dévotion qui lui sont dus. En résulte aussi la prise en compte de règles qui s'imposent et doivent être observées. Un enfant ne peut faire ce qu'il veut : il doit obéissance à ses parents et se soumettre à leur volonté. Il leur doit également amour et déférence. Il n'en est pas autrement dans notre relation à Dieu.

Certains courants spirituels sombres affirment que Dieu n'est qu'un esclavagiste qui nous souhaite enchaînés. Nous serions notre propre Dieu et pouvons (et devons) nous affranchir du Père et de ses règles, et faire ce que nous voulons. Ce qui importe est la pleine souveraineté et satisfaction de l'individu qui, par l'expression et la réalisation de ses désirs, peut atteindre la maîtrise et toute-puissance. Nous retrouvons en cela la tentation du Serpent dans le jardin d'Eden. Suivre de tels courants nous expose à nous soumettre aux forces du mal (que la religion appelle « le diable ») qui cherchent à nous leurrer avec une omnipotence et une liberté illusoire.

Conduire sa vie à l'aune de nos propres appétits, passions et instincts nous condamne à devenir au contraire toujours plus enchaînés et dépendants de ces derniers. La musique constitue une bonne analogie que je peux utiliser. Ainsi, si vous souhaitez jouer d'un instrument, vous devez apprendre les règles et les respecter. Si vous voulez improviser (comme dans le jazz), vous devez vous y soumettre, vous ne pouvez faire n'importe quoi, car le résultat serait dissonant. A l'inverse, plus l'artiste maîtrise l'harmonie et ses contraintes, plus il devient libre et peut exprimer sa créativité. Comprenez que la liberté découle d'un cadre donné, et c'est au sein de celui-ci que nous pouvons nous développer et parvenir à l'épanouissement.

Aussi, quelle que soit la prière que vous pratiquerez, vous adopterez une attitude humble envers Dieu. Vous reconnaissez sa primauté et toute-puissance, que vous êtes issu de lui, que vous lui devez obéissance, amour, et respect, et sans jamais douter qu'il soit toujours présent pour vous. Ainsi, si vous procédez à une prière d'adoration, vous lui ouvrez votre cœur et clamez votre dévotion. Si vous optez pour une prière de gratitude, vous lui manifestez votre profond remerciement pour la grâce obtenue. Si vous récitez une prière de confession, vous lui montrez une humilité totale du fait de votre imperfection et un désir réel de repentance en sollicitant son pardon. Pour toute prière, ce qui importe est la sincérité qui y est mise. Rappelons à ce sujet ces quelques mots : « *[Dieu] te donnera ce que ton cœur désire.* » (Psaume 37:4).

On m'a également demandé si le croyant devait visualiser durant ses prières, c'est-à-dire imaginer dans son esprit. La réponse est non. Libre à vous de visualiser si vous le souhaitez mais ceci n'est pas requis du fait du mécanisme spirituel qui s'enclenche durant la prière. Tant que vous priez avec votre cœur et êtes concentré sur son objet, vous entrez automatiquement en connexion avec le divin, et êtes entendu.

## 2. Éléments liés à la prière d'assistance

En plus des éléments précités s'ajoutent certaines conditions spécifiques liées à la prière d'assistance.

En premier lieu, pouvons-nous exposer des requêtes concernant tous les domaines, ou certains d'entre eux sont-ils proscrits ? Vous pouvez demander ce que vous voulez. Ainsi l'amour, le travail, le spirituel, l'amitié, les affaires financières, juridiques constituent autant de raisons pour lesquelles vous pouvez soumettre une demande. Il n'y a aucune limite à ce que vous pouvez solliciter puisque « *Rien n'est impossible à Dieu* » (Luc 1:37).

Il existe cependant des restrictions concernant les attributs de la requête. Afin que vos prières d'assistances puissent être prises en considération elles doivent réunir un certain nombre de critères cumulatifs :

*Votre requête doit répondre à un besoin réel et sincère*

La première condition est que toute prière d'assistance doit manifester un besoin réel et sincère. Par conséquent, la chose sollicitée doit vous être nécessaire et sans que vous ne puissiez l'obtenir de vous-même. Si je prie Dieu afin qu'il me donne la possibilité d'acheter une voiture alors que je dispose de l'argent, mais ne souhaite pas l'utiliser (en somme, j'espère recevoir de "l'argent gratuit" du Ciel), ma requête n'est pas fondée sur un besoin réel ni dès lors sincère. Si je prie pour pouvoir rencontrer un partenaire amoureux mais que je ne suis pas prêt à m'investir dans une relation sentimentale, ou encore que tout ce que je désire est une histoire d'un soir, ma demande n'est pas valide non plus. En résumé, toute sollicitation doit correspondre à une nécessité et à une volonté véritable d'obtenir cette chose.

*Votre requête doit reposer sur une juste cause*

Votre requête doit être légitime. Cette condition concerne en particulier les prières d'assistance qui visent à obtenir une protection. Que ce soit vous préserver d'une personne qui vous occasionne du tort (ami, client, voisin, membre de votre famille, etc.), d'un litige administratif, juridique, ou encore de la défense envers un concurrent qui vous cause du préjudice. Les concepts de justesse et de justice sont corrélés à Dieu et nous les retrouvons dans de nombreux psaumes, par exemple :

« *[Dieu] fera paraître ta justice comme la lumière, et ton droit comme le soleil en plein midi.* » (Psaume 37:6) ;

« *Mieux vaut le peu du juste que l'abondance de nombreux méchants, car la force des méchants sera brisée, tandis que l'Éternel soutient les justes.* » (Psaume 37:16-17) ;

« *Car l'Éternel aime ce qui est droit [...] Les justes posséderont le pays, et ils y demeureront définitivement.* » (Psaume 37:28-29) ;

« *Le salut des justes vient de l'Éternel : il est leur forteresse dans les moments de détresse. L'Éternel les secourt et les délivre [...]* » (Psaume 37:39-40).

« *Tu es juste, ô Éternel ! Et tes jugements sont équitables.* » (Psaume 119:137) ;

« *Éternel ! écoute ma juste cause ; sois attentif à mon cri ; prête l'oreille à la prière que je te fais, avec des lèvres sans fraude ! Viens prononcer le jugement qui me rendra justice.* » (Psaume 17:1-2).

Si vous demandez à bénéficier d'une protection vous devez avoir « les mains propres ». Nous ne pouvons être exaucés à l'occasion d'un différend, ou pour une protection à l'encontre de violences si nous sommes l'agresseur ou si d'une manière ou d'une autre nous avons concouru à la situation envers laquelle nous sollicitons l'aide divine. De même, si un conflit pouvait cesser mais qu'il se poursuit de votre fait, vous n'avez pas de juste cause. En somme, vous devez être une victime réelle d'un tort ou d'une iniquité afin de pouvoir escompter être entendu de Dieu et de ses messagers.

*Votre requête ne doit pas être illicite, ou enfreindre les Lois divines*

Lorsque le Christ indique de rendre à César ce qui lui appartient et à Dieu ce qui lui revient (Luc 20:25), plus que dissocier les deux Royaumes du Ciel et de la Terre, il nous invite à respecter les règles de chacun d'eux.

S'agissant du Royaume spirituel, cela suppose de conduire sa vie en accord avec les Lois divines ; concernant le monde terrestre, cela implique de demeurer dans la légalité (exception faite des lois scélérates bien sûr). Dès lors, vous ne pouvez prier Dieu si votre demande enfreint d'une manière ou d'une autre l'un ou chacun de ces deux Royaumes. Dans bien des cas, les règles de ces Royaumes se croisent : tuer est contraire aux Lois divines et est passif d'emprisonnement ; l'adultère viole les Lois de Dieu et est dans nos sociétés moralement condamné. En somme, vos requêtes ne peuvent revêtir un caractère illicite, illégal ou immoral :

- Vous ne priez pas Dieu pour pouvoir avoir une relation intime avec la femme de votre voisin ;

- Vous ne priez pas Dieu pour enrichir une activité illicite ou illégale (drogue), ou dans laquelle vous êtes malhonnête envers vos clients ;

- Vous ne priez pas Dieu pour avoir plus d'argent afin de vous livrer à des actes immoraux ou contraires aux lois ;

- Vous ne priez pas Dieu pour la ruine d'un concurrent ;

- Vous ne priez pas Dieu pour vous venger d'un partenaire qui a souhaité rompre avec vous ;

- Vous ne priez pas Dieu pour que grand-mère ait un accident mortel afin que vous puissiez bénéficier de l'héritage ;

- Vous ne priez pas Dieu pour avoir plus d'argent pour mener une vie oisive car cela traduit paresse et avidité, non conformes à Dieu.

- Vous ne priez pas Dieu qu'il vous exonère de créanciers si vous deviez par la loi vous acquitter des sommes exigées.

Et ainsi de suite. Aussi, vos requêtes doivent demeurer positives pour vous et autrui. Et si elles impactent les autres négativement c'est uniquement parce que votre cause est juste et que la leur ne l'est pas.

## 3. Où prier ?

Où vous voulez, cela importe peu. Il m'est arrivé dans certains cas d'être en prière dans des lieux publics tels qu'aéroports, rues, marchés, et sans préjudice quant au résultat. Votre lien avec Dieu n'est pas limité à un endroit, il subsiste avec vous et en vous où que vous vous trouviez :

« *L'Esprit, quand il demeure dans un homme, ne le quitte pas dès lors que cet homme est devenu prière. Car l'Esprit lui-même ne cesse de prier en lui. Que cet homme dorme ou qu'il veille, la prière désormais ne s'en va pas de son âme. Qu'il mange, qu'il boive, qu'il dorme, quoi qu'il fasse, et jusque dans le sommeil profond. Les parfums et l'encens de la prière s'élèvent sans peine de son cœur. La prière ne le quitte plus.* » (Saint Isaac le Syrien, Pentecôte).

Dieu est accessible à quiconque et à tout moment. Si vous priez de votre domicile vous pouvez le faire d'un endroit qui vous soit plaisant et dans lequel vous êtes au calme. Certains choisiront leur canapé dans le séjour, pour d'autres leur chambre ou leur bureau. Si vous n'avez pas d'autel spirituel vous n'êtes pas obligé de prier au même endroit. Vous pouvez le faire une fois dans votre cuisine, une autre fois dans votre salon, etc. J'ai cependant observé que les personnes, lorsque chez elles, variaient assez peu d'environnement.

Il n'est pas non plus requis de prier dans un lieu saint ou religieux. Je ne souhaite pas freiner un tel élan si tel est votre désir. Aller dans une église est positif en raison des énergies qui y sont présentes, et ce peut être votre « refuge » émotionnel, spirituel et mental. Qui plus est, l'effort consistant à vous y rendre sera apprécié de Dieu. Aussi, ne changez pas vos habitudes ! J'indique juste que du point de vue de l'efficacité vous pouvez obtenir les mêmes résultats de votre domicile. Demeurant à la maison du fait de mon activité spirituelle quotidienne, je prie avant tout de chez moi. J'aime cependant aller régulièrement dans une église, une basilique, une chapelle, ou tout autre lieu religieux. Pour ceux qui sont particulièrement sensibles aux énergies, se rendre à Lourdes (pour ne prendre que cet exemple) est très positif. Mais que l'arbre ne cache pas la forêt : votre cœur a suffisamment de pouvoir, de telle sorte qu'une fois ouvert à Dieu vous vous reliez à lui où que vous vous trouviez.

Je le répète : l'élément fondamental lors de la prière est la sincérité de cœur. Un saint pourra prier efficacement partout ; un criminel non désireux d'abandonner ses pratiques illégales et malhonnêtes n'aura pas de succès à prier dans une église. En définitive, le lieu n'est pas le critère premier. Ce qui importe est la lumière qui est en vous tandis que vous vous adressez à Dieu, et cette lumière résulte de votre amour pour Dieu, de votre foi, de votre sincérité, et de comment vous conduisez votre vie.

## 4. Dans quelle position prier ?

Mon objectif est de rendre la prière la plus accessible possible. Aussi, je ne désire pas établir trop de « règles », donnant le sentiment qu'il n'est qu'une bonne manière de faire, ce qui serait inexact.

Votre position importe peu. Si je prie en étant dans ma voiture, je serai évidemment assis ; durant une promenade, je serai debout ; dans mon lit, je serai allongé. Vous le voyez, les situations varient. Mais lorsque je suis à mon domicile, je prie toujours à genoux pour marquer mon humilité et mon respect envers Dieu et le Christ. Parce que nous ne devons notre vénération qu'à Dieu, je ne m'agenouille jamais lorsque je prie un ange ou un saint, l'unique exception étant la Vierge Marie, mère du Christ.

## 5. Combien de fois par semaine prier ?

On me demande souvent à quelle fréquence hebdomadaire prier. La réponse est simple : tous les jours de la semaine et du week-end. J'aime dire avec humour : « *Seul Dieu est autorisé à se reposer le dimanche !* ». Vous ne serez pas puni si vous ne priez pas quotidiennement, mais si vous avez acquis ce livre c'est que vous souhaitez développer votre spiritualité et vous rapprocher davantage de Dieu. J'ai indiqué en introduction que cet ouvrage comprendrait peu de règles, mais celle-ci en est une. Dès lors, il est recommandé de prier tous les jours. Cela nous est rappelé par le Christ dans Luc 18:1 : « *Jésus leur adressa une parabole, pour montrer qu'il faut toujours prier, et ne point se relâcher.* »

« Oh, mais je n'aurai jamais le temps ! ». Si durant votre café du matin vous consultez vos courriels, les réseaux sociaux ou l'actualité, vous pouvez trouver quelques minutes pour prier. Si durant votre pause déjeuner au travail vous utilisez votre téléphone portable, vous avez le temps de prier. Si lorsque vous rentrez le soir vous allumez la télévision ou allez sur internet, vous avez quelques minutes pour prier. Si vous allez vous coucher le soir à 23h, vous pouvez prendre cinq minutes avant pour prier. Ceux qui affirment ne pas disposer de temps pour prier *ne prennent pas le temps* pour le faire. D'autant que la prière n'a pas à être complexe ou longue. Ce n'est pas la durée qui fait sa force mais sa fréquence qui nourrit votre lien avec Dieu. Et vous cultivez et amplifiez ce lien en :

- Conservant une relation d'amour, de foi et de dévotion avec Dieu par la prière journalière ;
- Faisant au mieux au quotidien pour respecter les Lois divines.

Les deux éléments ci-dessus cumulés intensifieront votre connexion à Dieu, peu importe la durée de vos prières. Elle n'est pas un exercice ponctuel, mais *un mode de vie*. Une personne qui considèrera la prière comme un événement occasionnel, voire rébarbatif, ne pourra obtenir les succès d'une autre qui l'intégrera pleinement comme une communion et une communication régulière avec Dieu.

## 6. Combien de fois par jour prier ?

Nous avons vu que nous devons prier quotidiennement. Se pose désormais la question de savoir combien de fois par jour il est recommandé de prier. Il n'y a aucune règle stricte, sauf à ce que vous viviez dans un monastère sous un ordre particulier, ce qui ne sera pas le cas du lecteur ici. Commencer par prier une fois par jour est une bonne chose. Bien entendu, si vous pouvez le faire deux fois c'est mieux (voire plus encore !).

Si vous ne priez qu'une fois, privilégiez le matin avant de débuter votre journée. Tel un enfant qui se lève et salue ses parents, saluez Dieu. Il y a de multiples moments durant votre matinée que vous pouvez utiliser : pendant que vous buvez votre café ou durant votre petit déjeuner, lors de votre toilette puisque ce temps est imposé (pourquoi ne pas l'utiliser pour la prière ?). Il n'est pas inconvenant de s'adresser à Dieu en étant nu sous la douche ou dans son bain. Comme j'aime à le dire, là encore avec humour : « *Dieu ne nous a pas créé en habits Armani !* » Il n'est dès lors rien d'indécent que Dieu nous contemple tel qu'il nous a conçus. Si vous avez un autel spirituel, c'est là que vous prierez.

Si vous pouvez prier deux fois par jour, ajoutez à la prière du matin celle du soir avant de vous mettre au lit. Là encore, pensez à un enfant qui souhaite bonne nuit à ses parents. Que vous choisissiez la prière du matin, celle du soir, ou les deux vous ne le ferez *qu'après avoir fait votre toilette*. Si vous ne prenez pas de douche ou de bain le soir avant d'aller vous coucher, vous veillerez à vous laver les mains : par respect pour Dieu, vous voulez vous entretenir avec lui avec un corps propre.

## La prière du matin

Elle consiste à saluer Dieu, à le remercier pour cette nouvelle journée de vie qu'il nous offre, et à lui demander d'être à nos côtés à l'occasion de cette dernière. Il est important de commencer dans la grâce et la lumière de Dieu chaque jour qui peut apporter son lot d'embûches et de difficultés. Par ailleurs, nous pouvons à tout moment être soumis aux forces du mal. Aussi, nous voulons conserver un lien puissant avec Dieu et nous entourer de sa présence avant de vaquer à nos occupations.

## La prière du soir

Elle consiste à remercier Dieu pour la journée vécue et de sa présence à nos côtés à l'occasion de celle-ci. Nous pouvons en profiter pour également lui demander de nous pardonner pour nos imperfections du jour. Je détaillerai davantage dans la partie pratique de cet ouvrage.

J'entends certains de mes clients indiquer des limitations à la prière comme les cycles astrologiques (appelés « rétrogrades », notamment mercuriens), certaines heures à prioriser (le jour) ou à éviter (la nuit), car à ces moments les énergies sont plus ou moins favorables, ou enfin certains jours à privilégier plus que d'autres. Aucune de ces affirmations n'a la moindre validité. Notre connexion à Dieu est permanente et il ne connaît aucune restriction à sa toute-puissance : ni les astres et leurs cycles, ni les heures du jour ou de la nuit. Si tel était le cas, je pense que je ne sortirais plus après le coucher du soleil, de peur d'être seul et sans assistance divine en cas de besoin ! Nous sommes les enfants de Dieu chaque seconde de notre vie, et il nous conserve sa présence, et son amour à chaque instant. En tout état de cause, ne mettez aucune restriction à vos prières. Vivez votre spiritualité et votre lien avec Dieu le plus librement possible. Les moments sont nombreux lors d'une journée pour avoir ce moment privilégié avec lui, ne vous en privez pas !

### 7. Combien de temps par jour prier ?

Nous avons vu qu'il était recommandé de prier tous les jours de la semaine, et une à deux fois minimum. Mais combien de temps devons-nous consacrer à la prière ?

Il n'y a pas de durée imposée. Une prière quotidienne courte vaudra plus au cours d'une vie humaine qu'une plus longue et à fréquence aléatoire. Cet ancien camarade avait ce don de me contacter deux fois par an. Quand il le faisait il était le plus bavard de la Terre ! Mais ensuite, je n'avais plus de nouvelles pendant des mois avant qu'il ne revienne. Cette amitié a naturellement pris fin. Ne vous souciez pas du temps lorsque vous priez, concentrez-vous juste sur cette habitude quotidienne de « saluer » Dieu. Votre effort sera largement récompensé.

Tant que vous priez quotidiennement vous exprimez votre attachement à Dieu. En retour, il vous gratifie de son amour de multiples manières. Une relation doit être partagée : faites ce que vous avez à faire de votre côté (prière(s) quotidienne(s)), et Dieu fera ce qu'il a à faire du sien (manifester sa présence et prendre soin de vous). D'autant qu'il n'est pas si exigeant en ce qui nous concerne : il ne demande pas que nous priions tant de fois par jour et tant de temps à chaque fois. Il comprend que nous ayons une vie humaine avec son lot de soucis. Et parce qu'il respecte le libre arbitre qu'il nous a conféré, nous ne serons pas punis si nous ne prions pas, ou si nous prions à telle heure plutôt que telle autre, ou juste quelques minutes.

Enfin, mieux vaut prier quotidiennement Dieu, quitte à « râler », à formuler notre insatisfaction, déception ou frustration que de ne pas prier du tout. Car même si vous exprimez de tels sentiments, vous priez. Et ce faisant, vous communiquez avec lui, maintenez le lien, et continuez à indiquer que vous prenez acte de son existence et autorité.

## 8. Comment prier ?

C'est une question qui m'est souvent posée. « Angelo, mais que dois-je dire quand je prie ? ». Ma réponse est invariablement la même : adressez-vous à Dieu comme vous le feriez avec un de vos parents. Ne cherchez pas une façon spécifique de prier puisque vous êtes unique. Votre manière de parler, de construire vos phrases, votre intonation, vos inflexions vous sont toutes personnelles, et la prière est un lien individuel et particulier avec Dieu.

Bien sûr, les prières écrites peuvent servir de balises, et nous avons étudié le « Notre Père » qui est fondamental. De même, je vous livrerai dans cet ouvrage des prières diverses que vous pourrez utiliser selon les circonstances ainsi qu'une « méthode ». Mais comprenez que *votre discussion avec Dieu est prière.* Si cela peut vous aider, imaginez que lorsque vous priez vous prenez votre téléphone pour appeler un ami ou un parent. Parlez à Dieu de la même manière : avec ce naturel, sans forcément savoir ce que vous allez dire, en cherchant vos mots, observant le fil de vos pensées, avec des pauses, des phrases courtes et parfois d'autres plus longues, avec une respiration entre elles, etc. Tout ce que vous faites quand vous discutez avec une personne que vous connaissez. Dieu n'exige pas de vous que vous vous adressiez à lui en suivant certaines règles formelles. Il sera heureux du simple fait que vous vous entreteniez avec lui dès lors que votre communication vient du cœur.

Le conseil « technique » fondamental que je vous donne cependant est celui-ci : *avant toute prière, quelle qu'elle soit, récitez le « Notre Père » en ouverture.* J'ai indiqué précédemment pourquoi cette prière était centrale, si forte, et tout ce qu'elle impliquait. Aussi, prenez toujours l'habitude de commencer par cette dernière puis parlez à Dieu, soit avec vos mots, soit en utilisant une prière écrite. Le « Notre Père » est si puissant que parfois je me contente de le réciter en boucle : lorsque je marche une heure en forêt, si je fais des courses en ville, tandis que je conduis (ne le faites pas si cela altère votre vigilance). Les bénéfices sont immenses ! En commençant par le « Notre Père », vous activez la portion divine de votre essence et ouvrez le canal de connexion entre vous et Dieu.

On me demande aussi si l'on doit prier à voix haute ou non. La prière peut se faire en fonction des circonstances à voix haute, murmurée ou mentalement. Premier élément de réponse : quel est votre environnement ? Êtes-vous seul et tranquille ou entouré de gens et sans intimité ? Tout n'est qu'énergie : nous, notre voix, nos paroles, nos pensées. Il importe peu pour Dieu comment nous manifestons cette énergie puisqu'il est omniscient. Selon les situations l'expression de mes prières variera : dans un lieu public je les pense ou les murmure ; de mon domicile, c'est à voix haute.

## 9. Doit-on prier en latin ?

On m'a demandé : « Angelo, n'est-ce pas plus efficace de réciter des prières en latin ? ». La réponse est non. Je n'ai aucune hostilité envers elles. Elles sont effectivement très efficaces, et je laisse chaque croyant procéder comme il l'entend. J'ai toutefois deux réserves.

La première est que le récitant n'ait pas conscience en temps réel de ce qu'il récite. Il ne la « vit » pas à chaque phrase dite. Oui, une prière ancienne et tant de fois utilisée est « chargée » et dès lors très forte en elle-même. Pour autant, il me semble fondamental d'être au fait en temps réel de chaque parole prononcée lors de la récitation, afin que toutes les fibres de notre être soient engagées.

La seconde réserve – issue de la première - est que le récitant concentre plus son attention à « bien dire » la prière (surtout en latin, langue morte délicate) qu'à être dans la prière et à pleinement la vivre. Chaque mot émet une vibration, et dès lors de l'énergie. Et cette dernière, déployée durant la prière, est démultipliée lorsque compréhension et conscience sont présentes. C'est la raison pour laquelle ma préférence va aux prières en français. Enfin, et pour la petite histoire, j'ai souvent été conduit à prier avec succès pour libérer des personnes victimes de maléfices ou d'esprits impurs sans utiliser un seul terme de latin.

Pour toutes ces raisons, je ne considère pas que ces prières soient plus puissantes que les autres. Pour autant, faites comme vous le souhaitez, et si vous choisissez ces dernières, lisez-les plusieurs fois en français afin de bien les comprendre et de vous en imprégner avant de procéder à la lecture en latin. Plus loin dans cet ouvrage, je livrerai certaines prières traditionnelles qui seront rédigées en français et latin.

## 10. Doit-on chanter les prières ?

Cette question nous renvoie à la célèbre citation attribuée à Saint-Augustin : « *Qui bien chante prie deux fois* ». Chants et prières sont traditionnellement liés. Il suffit de penser aux chants grégoriens, ceux des prêtres orthodoxes, des moines, les cœurs d'Église. Les psaumes font également état du chant pour louer Dieu :

« *De tout mon cœur, Seigneur, je te rends grâce : tu as entendu les paroles de ma bouche. Je te chante en présence des anges.* » (Psaume 137) ;

« *Je chante à l'Éternel, car il m'a fait du bien.* » (Psaume 13) ;

« *L'amour du Seigneur, sans fin je le chante.* » (Psaume 88).

Le chant, lorsqu'utilisé en prières, sollicite chaque fibre de notre être pour glorifier le Seigneur et nous rapprocher de lui. J'emploie parfois le chant lors de mes prières de gratitude ou d'adoration. Celles de confession et de requête font davantage sens à être parlées, murmurées ou récitées mentalement.

Je vous invite donc à intégrer le chant, ce qui rendra vos prières très puissantes ! N'ayez pas honte : vous ne passez pas le concours de l'Eurovision, et Dieu appréciera votre effort ! La musique est sacrée, et lorsque dirigée vers le Père elle devient divine. Ne vous souciez pas de ce que vous allez fredonner, laissez-vous aller, improvisez n'importe quel air. C'est ainsi que j'ai commencé, et à force de pratique, j'ai pu développer mes propres airs lors de mes prières d'adoration et de gratitude.

## 11. Vouvoiement ou tutoiement ?

Selon certains, lorsque nous prions, nous devons, par respect, utiliser le vouvoiement. De fait, il est employé dans de nombreuses prières. Il est intéressant de relever néanmoins que le « Notre Père » – prière centrale – utilise le tutoiement. Alors que faire : tutoiement ou vouvoiement ?

Je n'utilise que le tutoiement lorsque je prie. Tutoyez-vous vos parents ? Si certains enfants vouvoient leurs parents, pour la majorité d'entre eux ils les tutoient. De même, je tutoie Dieu (ou ses messagers). Cela n'a jamais affecté mon lien avec eux, ni l'efficacité de mes prières. Cela ne m'a jamais attiré leurs foudres non plus. Faites selon ce qui vous semble le plus naturel. Le vouvoiement crée pour moi une « distance » avec Dieu, un lien impersonnel et indirect. Si vous préférez recourir au vouvoiement, utilisez cette forme. Dieu ne s'attache pas à ces détails. Il évalue l'amour et la foi du croyant à son égard, et comment il conduit sa vie humaine et applique ses Lois. Le respect et l'humilité dus à Dieu ne s'apprécient pas à l'aune du tutoiement ou du vouvoiement qui ne sont que des éléments exogènes : ils se mesurent par le positionnement intérieur du croyant envers Dieu.

## 12. Peut-on prier pour autrui ?

Certains affirment que nous ne pouvons prier pour une personne que si elle y est favorable. Cette affirmation est inexacte.

Premièrement, il est de nombreuses situations où l'agrément d'autrui ne peut être obtenu. Si un parent ou ami a un accident et se retrouve dans le coma, est-ce à dire que vous ne pouvez prier pour lui du fait que vous n'avez pas reçu son consentement ? Si vous décidez de prier pour l'âme d'un proche est-ce proscrit parce qu'il est décédé et que vous ne pouvez recueillir expressément son consentement ? Une mère enfante un nouveau-né souffrant de malformations, le contraignant à être mis sous respirateur artificiel : elle ne pourrait prier pour lui, car elle ne peut obtenir son accord ? Si votre animal de compagnie tombe malade, est-ce à dire que vous ne pouvez prier pour lui parce qu'il ne vous donne pas son agrément ?

Secondement, dans Mattieu 5:44 le Christ dit : « *Mais moi, je vous dis : aimez vos ennemis, bénissez ceux qui vous maudissent, faites du bien à ceux qui vous haïssent, et priez pour ceux qui vous maltraitent et qui vous persécutent.* ». Nos ennemis ne vont pas nous donner leur accord pour prier pour eux, pourtant le Christ nous invite à le faire. Ce qui vaut pour nos ennemis est d'autant plus vrai pour ceux qui ne le sont pas : famille, amis, connaissances, collègues, etc. La prière est un acte d'amour et de lumière. En priant pour autrui, nous exerçons pleinement notre rôle de conduit de Dieu qui ne sera jamais fermé à ce que nous diffusions sa lumière par nos prières. Il ne nous désapprouvera jamais d'apporter du réconfort, du soulagement et du soutien à une autre âme, à un autre de ses enfants qu'il aime et chérit tout autant qu'il nous aime et chérit.

En conclusion, écoutez votre cœur, ne renoncez jamais à être un conduit de la lumière de Dieu sur Terre. Par la prière, vous servez Dieu et vous faites du bien autour de vous ! Ne laissez personne, par l'affirmation de règles austères et rigides, vous priver de votre développement spirituel et de votre capacité à faire le bien sur Terre.

### 13. Peut-on prier pour des demandes matérielles ?

J'ai pu lire que prier pour des demandes matérielles était interdit.

Ceci est inexact. Il vous est possible de prier pour augmenter ou consolider votre situation matérielle. L'argent n'est pas une valeur qui existe aux Cieux, car Dieu est notre unique richesse. Mais lorsque nous vivons une vie humaine, nous n'y sommes pas. Les lois sur Terre, physiques par exemple, sont différentes (la gravité, le fait d'être mortel là où l'âme est éternelle). Dieu comprend que l'argent soit nécessaire pour subvenir à nos besoins terrestres. Et il n'exige nullement que nous mourions de faim ! C'est bien pourquoi dans le « Notre Père » nous lui demandons de nous donner « *notre pain quotidien* ».

L'argent n'a dès lors aucun caractère positif ou négatif en tant que tel. Souhaiter gagner sa vie ou garantir son indépendance ou sa sécurité financière (et de sa famille) est permis ; faire preuve d'avidité et de cupidité en revanche ne l'est pas. Vouloir créer une opposition entre le monde matériel et spirituel est infondé, et propre à certaines sociétés occidentales où l'argent est suspect et vu d'un mauvais œil. La clé de l'équilibre de l'incarnation est d'assumer et d'assurer les contingences matérielles de ce monde tout en maintenant illuminée notre essence divine. Le Christ prônait la coexistence des deux comme le révèle Luc 20:19-25 : « *[...] Maître, nous savons que tu parles et enseignes droitement, et que tu ne regardes pas à l'apparence, mais que tu enseignes la voie de Dieu selon la vérité. Nous est-il permis, ou non de payer le tribut à César ? Jésus, apercevant leur ruse, leur répondit : montrez-moi un denier. De qui porte-t-il l'effigie et l'inscription ? De César, répondirent-ils. Alors il leur dit : rendez donc à César ce qui est à César, et à Dieu ce qui est à Dieu* ».

Le danger surgit lorsque l'attachement matériel se substitue au spirituel et devient un blocage à celui-ci. Ce n'est pas l'argent en tant que tel qui est condamnable, c'est l'importance - et par conséquent l'influence - que ce dernier peut avoir sur nous si nous ne sommes pas vigilants. Ainsi dans Marc 10:17-31 au riche qui demande à Jésus comment obtenir le salut il lui répond : « *Jésus, l'ayant regardé, l'aima, et lui dit : « Il te manque une chose ; va, vends tout ce que tu as, donne-le aux pauvres, et tu auras un trésor dans le ciel. Puis, viens, et suis-moi ». Mais, affligé de cette parole, cet homme s'en alla tout triste ; car il avait de grands biens.*

*Jésus, regardant autour de lui, dit à ses disciples : « qu'il sera difficile à ceux qui ont des richesses d'entrer dans le Royaume de Dieu ! ». Les disciples furent étonnés de ce que Jésus parlait ainsi. Et, reprenant, il leur dit : « Mes enfants, qu'il est difficile à ceux qui se confient dans les richesses d'entrer dans le royaume de Dieu ! Il est plus facile à un chameau de passer par le trou d'une aiguille qu'à un riche d'entrer dans le royaume de Dieu. » ».*

Ce qui empêche cet homme de se rapprocher de Dieu n'est pas tant qu'il ait de l'argent, mais qu'il en soit prisonnier, et que son attachement à sa richesse soit devenu plus important qu'à celui envers Dieu.

Dieu ne vous condamnera pas si vous priez pour avoir plus d'abondance. Dans le monde qui est le nôtre, il ne nous veut pas indigent. En revanche, il ignorera nos demandes si celles-ci sont illégitimes, illégales et contraires à ses Lois. Il les méconnaîtra également si l'attrait pour le matériel prédomine dans votre vie. Tout est question d'équilibre et de mesure.

Lorsque vous priez Dieu pour avoir un travail, vous le faites aussi pour avoir de l'argent et ainsi accroître votre situation financière. Il n'est rien de mal en ceci, cette requête est légitime. Si vous priez pour avoir plus de clients et êtes honnête dans l'exercice de votre activité, vous demandez seulement à Dieu de vous fournir votre « *pain quotidien* », et ce faisant ne violez pas les Lois divines.

## 14. Lire des prières en affecte-t-il l'efficacité ?

Les prières écrites sont-elles moins efficaces que celles que nous improvisons ? La réponse est non.

Si vous récitez votre prière tout en songeant au film que vous allez regarder le soir, il ne vous faudra pas espérer de grands résultats. Mais ainsi en est-il d'une prière spontanée que vous diriez tout en pensant à autre chose. L'efficacité de la prière ne réside pas dans sa forme ou dans sa nature, mais dans la concentration et l'investissement que vous y mettez. Si vous lisez une prière en étant immergé dans chaque mot et avec un objectif clair, alors elle atteindra son but. Elle sera puissante car vous aurez ouvert un canal spirituel pur entre vous et le Père.

Une méthode pratique que je vous suggère est de conjuguer la prière écrite avec celle improvisée. Par exemple, vous lisez une prière en étant concentré et sans laisser de pensée parasite interférer. Une fois terminée, adressez quelques mots personnels. Ainsi, admettons que je lise une prière d'assistance à Marie pour obtenir plus de calme. Une fois terminée je finirai peut-être par ces quelques mots : « Sainte Vierge Marie, fais s'il te plait que je ressente ta douceur tout autour de moi, car oui, ô Marie, je suis stressé en ce moment dans ma vie. Prends-moi dans tes bras et infuse en moi tes énergies de réconfort et de paix. Merci Sainte Vierge ! ». Je n'ai pas réfléchi à l'avance, j'ai improvisé ces lignes tandis que je les écrivais. De la même manière, vous pouvez ajouter votre touche personnelle en fin de chaque prière écrite que vous récitez en laissant les mots venir selon votre situation et ce que vous souhaitez exprimer. Cette partie spontanée n'a pas besoin d'être longue ou élaborée : il s'agit juste d'un petit ajout particulier en conclusion de la prière écrite. Ne vous demandez pas si vos paroles sont justes ou pas : elles le seront, car elles viennent de vous. Et plus que les termes employés ce qui importe est votre cœur, de même que votre intention de vous connecter à Dieu. Développez cette technique, et de fil en aiguille vous deviendrez plus confiant pour réciter vos propres prières.

En conclusion, ne vous souciez pas trop de savoir si vous devez utiliser des prières déjà écrites ou non. Faites selon le moment et votre désir. Ne bridez pas votre spiritualité et votre lien à Dieu avec de trop nombreuses contraintes.

## 15. Annexe cocasse : prière et loterie

Si la prière est aussi efficace, si rien n'est impossible à Dieu, et si nous pouvons solliciter Dieu pour les affaires financières, alors pourquoi est-ce que je ne gagne pas au loto ? En premier lieu, comme pour toute prière et quel que soit son objet, nous acceptons la souveraineté de Dieu. Cela implique de nous soumettre à sa volonté même si cette dernière va à l'encontre de notre demande, et sans que cela n'ait d'impact sur notre foi et notre amour envers lui. Secondement, il faut savoir qu'un gain important à la loterie n'est jamais anodin dans une vie. Il ne s'agit pas de « chance » ou de « coïncidences » puisque ces dernières n'existent pas. Lorsqu'un tel événement arrive c'est qu'il était prévu dans le destin de l'individu. Dès lors, si vous ne décrochez pas la cagnotte, ce n'est pas que vous n'êtes pas « chanceux », ce n'est pas que la prière n'est pas efficace : c'est simplement que devenir millionnaire grâce au loto, et avec toutes les implications humaines et spirituelles induites ne figure pas dans votre ligne de vie.

Maintenant, comme le disait la publicité : « *100% des gagnants ont tenté leur chance* » (si l'on peut dire). Alors, essayez et vous verrez bien !

« *Je vous ai donné le pouvoir de marcher sur les serpents et les scorpions, et sur toute la puissance de l'ennemi; et rien ne pourra vous nuire* »

(Luc 10:19)

## CHAPITRE 4

# BOUGIES ET ENCENS

### 1. Doit-on utiliser des bougies ?

Non, leur utilisation lors des prières n'est pas une nécessité. Je me souviens de cette cliente qui avait une phobie du feu : impossible pour elle d'allumer la moindre bougie. Est-ce à dire que Dieu va refuser de l'écouter si elle s'adresse à lui ? Ou supposons que vous soyez à l'extérieur et décidiez de prier : Dieu vous ignorera-t-il ? La seule lumière qui importe est celle de votre cœur, aussi, vous pouvez prier sans aucun accessoire et sans être pénalisé ou négligé de Dieu.

Pour autant, si elles ne sont pas nécessaires, cela ne signifie pas que vous devriez ne pas en allumer si vous le souhaitez, ou qu'elles ne seront pas appréciées. N'oublions pas la parole de Dieu au début de la création : « *Fiat Lux* ». La bougie peut être entendue comme la lumière de Dieu à laquelle vous rendez hommage, ou plus généralement désigner les forces de lumière que vous invitez à vous lors de votre prière ; elle peut symboliser votre lumière qui se mêle à celle de Dieu ; elle peut être une offrande qui représente votre gratitude.

Certaines personnes souhaitent utiliser des bougies, mais craignent l'incendie. J'en ai qui sont allumées en permanence, même en étant absent et sans souci. Les neuvaines sont sûres : leur flamme est de petite taille, ne dépasse pas le haut du plastique ou du verre, et est centralement positionnée sans menace de brûler le plastique ou de briser le verre. Les bougies chauffe-plats sont entourées d'aluminium, à flamme réduite et dès lors ne peuvent générer d'accident. Quant aux bougies verticales, tant que vous ne disposez rien au-dessus d'elles (rideaux par exemple), il n'y a aucun risque.

Pour vous rassurer, voici une mesure de protection supplémentaire :

- *Pour les bougies chauffe-plats et neuvaines* : placez-les sur une sous-tasse blanche, de telle sorte que leur base ne chauffe pas le support sur lequel elles sont mises ;
- *Pour les bougies verticales* : faites couler quelques gouttes de cire chaude sur le bougeoir en chauffant la base de la bougie avec un briquet, puis posez-là : elle restera fixée et ne tombera pas.

Quel type de bougie utiliser ?

Il en est de plusieurs sortes, avec des tailles et formes variées. Le croyant peut hésiter et se demander s'il doit en utiliser certaines plus que d'autres. Voici les plus usuelles :

*La bougie neuvaine (1)* : employée comme lumière permanente sur votre autel spirituel. Est également utilisée lors de vos prières sur neuf jours (neuvaines), quel que soit leur objet ;

*La bougie verticale (2)* : de toutes dimensions, cierges ou plus courtes, piliers, etc. Pratiques pour une prière d'assistance, d'adoration, de confession ou de gratitude. Elles expriment notre amour, foi et reconnaissance.

*La bougie chauffe-plats (3)* : très commode, peut être utilisée en toute circonstance. Idéale lors des prières quotidiennes.

## Quelle couleur utiliser pour les bougies ?

Blanches (le blanc est techniquement une nuance). Le blanc représente la pureté et la lumière de Dieu. C'est la « couleur » universelle pour les prières au divin, et sans surprise, celle présente dans les églises et lieux saints.

## A quel moment allumer une bougie ?

Voici ma pratique pour chaque type de prière, mais Dieu ne vous ignorera pas si vous allumez la bougie à un moment différent :

*Prière d'adoration ou de confession* : j'allume la bougie après avoir récité le « Notre Père » et avant la prière en elle-même. Supposons que je désire me confesser envers le Christ, je m'agenouille, récite le « Notre Père », appelle Jésus par une courte formule (« Seigneur Jésus Christ je souhaite m'entretenir avec toi, viens à moi s'il te plaît »), puis allume la bougie pour l'accueillir. Je poursuis avec la prière ;

*Prière d'assistance ou de gratitude* : j'allume la bougie après avoir prié afin de manifester mon remerciement en guise d'offrande pour la future aide apportée, ou pour exprimer ma reconnaissance pour le soutien obtenu.

Règle importante s'agissant des bougies : lorsque vous en allumez une vous la laissez se consumer jusqu'au bout. On n'éteint jamais une bougie dès lors qu'elle est allumée.

## 2. Doit-on utiliser de l'encens ?

Comme pour les bougies, la réponse est non. L'encens n'est pas obligatoire dans le cadre de la prière (il est en revanche efficace pour purifier des lieux). Comprenez bien que tous ces éléments exogènes comme l'autel, l'encens ou les bougies ne sont que des outils. Ils sont appréciés et ont leur bien-fondé, mais ne sauraient remplacer le cœur du croyant. Pour ceux d'entre vous qui souhaiteraient recourir à l'encens voici quelques recommandations :

*Utilisez de l'encens en grains* : ceux en bâtonnets ou cônes sont de médiocre qualité ;

*Procurez-vous de bons charbons ardents.* Vous en chaufferez un et y disposerez quelques grains d'encens. Des charbons de bonne qualité améliorent considérablement l'expérience ;

*Procurez-vous un récipient résistant à la chaleur* : étain, inox, métal ou terre cuite. Le charbon que vous aurez allumé et placé dans le récipient dégagera en effet une forte chaleur ;

*En tout état de cause, protégez toujours la base de votre contenant.* Cela évitera les traces de brûlé en dessous (rare, mais possible). Une astuce est de disposer sous le récipient un petit carré de papier aluminium qui supportera la chaleur. Alternativement, choisissez un réceptacle sur pieds : ces derniers demeureront froids ;

*Tout type d'encens fera l'affaire !* D'église, pontifical, oliban, myrrhe, etc. L'intention mise dans votre prière est ce qui lui donnera son pouvoir.

Vous pouvez aussi opter pour un bâtonnet de sauge blanche ou verte (la blanche à ma préférence), qu'il vous suffira de tenir dans votre main. L'épi de sauge est pratique en cela qu'il vous épargne l'usage d'un récipient et de charbons : vous vous contentez de l'allumer, soufflez sur la flamme après quelques secondes, et la fumée commencera à se dégager. S'il s'éteint, répétez le processus.

L'encens peut être utilisé pour préparer/purifier votre espace de prières ou comme offrande. Si vous l'utilisez pour préparer votre espace spirituel : vous l'allumerez avant de commencer vos prières. Ainsi vous élevez les vibrations de votre lieu de prières pour accueillir les énergies divines. Si vous utilisez l'encens en offrande : alors vous l'allumerez à la fin de vos prières, en guise de remerciements.

## CHAPITRE 5

# JEUNE ET PRIERE

Devons-nous jeûner ? Si le jeûne est effectivement une pratique bénéfique en accompagnement de la prière, je ne voudrais pas imposer son usage. Oui, il est positif ; non, il n'est pas obligatoire et est laissé à votre discrétion. Que disent les Écritures à son sujet ?

### 1. Le jeûne dans l'Ancien Testament

L'Ancien Testament mentionne le jeûne. Par exemple le Livre de Daniel :

« *Daniel eut à cœur de ne pas se souiller avec les mets du roi et le vin de sa table, il supplia le chef des eunuques de lui épargner cette souillure.* » (Daniel 1:8) ;

« *Fais donc pendant dix jours un essai avec tes serviteurs : qu'on nous donne des légumes à manger et de l'eau à boire. Tu pourras comparer notre mine avec celle des jeunes gens qui mangent les mets du roi, et tu agiras avec tes serviteurs suivant ce que tu auras constaté.* ». *L'intendant consentit à leur demande, et les mit à l'essai pendant dix jours. Au bout de dix jours, ils avaient plus belle mine et meilleure santé que tous les jeunes gens qui mangeaient des mets du roi. L'intendant supprima définitivement leurs mets et leur ration de vin, et leur fit donner des légumes. À ces quatre jeunes gens, Dieu accorda science et habileté en matière d'écriture et de sagesse. Daniel, en outre, savait interpréter les visions et les songes.* » (Daniel 1:12 à 1:17) ;

« *Je me mis à jeûner et, vêtu d'habits en étoffe grossière, la tête couverte de cendres, je me tournai vers le Seigneur Dieu pour le prier et lui adresser des supplications.* » (Daniel 9:3).

Ce jeûne de dix jours composé de légumes et d'eau, prodigua ainsi une meilleure forme physique et de nouvelles compétences et capacités.

*« Je ne mangeai pas de nourriture agréable ; ni viande ni vin ne passèrent par ma bouche, je m'abstins de tout parfum jusqu'au terme de ces trois semaines. »* (Daniel 10:3).

A l'instar du premier jeûne, celui-ci indique l'absence de produits issus de l'animal, d'alcool, et de mets sucrés et raffinés : eau, légumes et fruits. Il n'est donc pas privatif d'alimentation ou de boissons, et vise la purification du corps.

Dans le Livre de Jonas lorsque la population de Ninive apprend de Jonas que Dieu a décidé d'anéantir leur ville au bout de 40 jours, elle décide notamment de jeûner en marque de repentance. Le jeûne est ici à but expiatoire afin d'obtenir la rémission des fautes et le pardon de Dieu : « *[…] Jonas […] criait et disait « Encore quarante jours, et Ninive est détruite ! ». Les gens de Ninive crurent à Dieu, ils publièrent un jeûne, et se revêtirent de sacs, depuis les plus grands jusqu'aux plus petits. La chose parvint au roi de Ninive ; il se leva de son trône, ôta son manteau, se couvrit d'un sac, et s'assit sur la cendre. Et il fit faire dans Ninive cette publication, par ordre du roi et de ses grands ; que les hommes et les bêtes, les bœufs et les brebis, ne goûtent de rien, ne paissent point, et ne boivent point d'eau ! Que les hommes et les bêtes soient couverts de sacs, qu'ils crient à Dieu avec force, et qu'ils reviennent tous de leur mauvaise voie et des actes de violence dont leurs mains sont coupables ! Qui sait si Dieu ne reviendra pas et ne se repentira pas, et s'il ne renoncera pas à son ardente colère, en sorte que nous ne périssions point ?*

*Dieu vit qu'ils agissaient ainsi et qu'ils revenaient de leur mauvaise voie. Alors Dieu se repentit du mal qu'il avait résolu de leur faire, et il ne le fit pas.* ».

L'Ancien Testament mentionne aussi le jeûne avec le récit de Moïse : « *Lorsque je fus monté sur la montagne, pour prendre les tables de pierre, les tables de l'alliance que l'Éternel a traitée avec vous, je demeurai sur la montagne quarante jours et quarante nuits, sans manger de pain et sans boire d'eau.* » (Deutéronome 9:9 ; Exode 34:28).

On peut aussi trouver référence au jeûne dans les psaumes de David :

« *Et moi, quand ils étaient malades, je revêtais un sac, j'humiliais mon âme par le jeûne, je priais, la tête penchée sur mon sein.* » (Psaume 35:13) ;

« *Je verse des larmes et je jeûne, et c'est ce qui m'attire l'opprobre.* » (Psaume 69:13) ;

« *Mes genoux sont affaiblis par le jeûne, et mon corps est épuisé de maigreur.* » (Psaume 109:24).

## 2. Le jeûne dans le Nouveau Testament

Nous pouvons trouver plusieurs références. Ainsi, par exemple :

« *Lorsque vous jeûnez, ne prenez pas un air triste, comme les hypocrites, qui se rendent le visage tout défait, pour montrer aux hommes qu'ils jeûnent. Je vous le dis en vérité, ils reçoivent leur récompense. Mais quand tu jeûnes, parfumes ta tête et laves ton visage, afin de ne pas montrer aux hommes que tu jeûnes, mais à ton Père qui est là dans le lieu secret ; et ton Père, qui voit dans le secret, te le rendra.* » (Matthieu 6:16-18) ;

« *Jésus, rempli du Saint-Esprit, revint du Jourdain. Il fut conduit par l'Esprit dans le désert où il fut tenté par le diable pendant 40 jours. Il ne mangea rien durant ces jours-là et, quand cette période fut passée, il eut faim.* » (Luc 4:12).

Dans cet autre passage les apôtres tentent en vain de libérer un enfant d'un démon. Jésus demanda qu'on lui amène l'enfant et chassa l'esprit malin. Ils lui demandèrent pourquoi ils avaient échoué. Le Christ leur répondit : « […] *Mais cette sorte de démon ne sort que par la prière et par le jeûne.* » (Matthieu 17:20-21).

Qu'apprenons-nous sur le jeûne ?

- Il doit être un désir, et accompli dans la joie. Il ne doit pas être vécu comme une contrainte ;

- Il se fait dans la discrétion. Nous ne l'utilisons pas pour flatter notre ego. Ce jeûne est entre nous et Dieu ;

- Il peut être total (absence de boisson et nourriture), partiel, limité à certaines boissons (thé, jus de fruits, eau, tisanes), ou certains produits (légumes, fruits). Il peut consister en la suppression d'une mauvaise habitude le temps du jeûne : fumer, vapoter, usage des réseaux sociaux, boire de l'alcool ;

- Sa durée est variable : d'une journée à plusieurs semaines. Soyez prudent. S'il peut y avoir le moindre doute qu'il puisse ne pas vous être recommandé, consultez votre médecin ;

- Son objectif est pluriel même s'il est toujours effectué pour manifester notre amour, respect, humilité et foi envers Dieu.

Ainsi, le jeûne peut être effectué à des fins de confessions/expiations, pour résister à la tentation ou nous libérer de mauvais traits, pour obtenir certaines grâces à l'occasion d'une requête, pour acquérir l'inspiration, la sagesse, l'intelligence, pour renforcer notre foi et notre lien avec le Créateur, pour purifier notre corps, cœur ou esprit, pour développer certaines capacités spirituelles.

Si vous n'avez jamais fait de jeûne, *commencez lentement* : isolez un jour où vous ne travaillez pas le lendemain. Privilégiez un jeûne doux qui écarte toute alimentation mais autorise la consommation de liquides. Avec le temps et l'habitude, vous pourrez le rallonger ou le durcir. Par exemple, jeûnez durant vingt-quatre heures en ne buvant que de l'eau, du thé et des tisanes. Si vous êtes sujet à l'hypoglycémie ou à l'hypotension, ajoutez du miel ou des jus de fruits, idéalement frais. Ne vous mettez jamais en péril pour un jeûne.

Ensuite, *vous prierez toutes les trois heures*. La première prière sera après votre bain ou votre douche. Poursuivez votre journée et retournez en prières toutes les trois heures (après vous être lavé les mains,). Faites ceci jusqu'à l'heure du coucher où vous prierez une dernière fois avant d'aller au lit (et après votre toilette ou au minimum après vous être lavé les mains,).

Bien entendu, durant cette journée faites au mieux pour être au calme et avoir des activités apaisantes. Ainsi, allez vous promener dans un parc, jardin ou forêt (ou à la mer si vous êtes proche), lisez la vie du Christ ou celle des saints, méditez, etc. Évitez les activités stressantes ou fatigantes, les réseaux sociaux et toute activité internet exagérée. Le but de cette journée est la quiétude, l'introspection et le recueillement auprès de Dieu. Vous aurez évidemment réfléchi à la finalité de votre jeûne au préalable, et le conduirez dans vos prières selon l'objectif choisi.

Vous n'avez pas à jeûner régulièrement. Retirez de votre esprit toute contrainte lorsqu'il s'agit de la prière si ce n'est celle que vous connaissez désormais : prier tous les jours.

*Un jeûne sain et mesuré*

*« Que les hommes prient en tout lieu, en élevant des mains pures, sans colère ni mauvaises pensées. »*

(1 Timothée 2:8)

## CHAPITRE 6

## LA PRIERE N'EST PAS SUFFISANTE !

La prière, aussi fondamentale soit-elle, ne représente qu'une partie de notre développement spirituel qui doit également se manifester dans notre vie quotidienne. Il n'est rien de plus triste qu'une personne qui va à l'église le dimanche et se comporte mal envers autrui. Ainsi :

- Vous ne pouvez pas prétendre croître votre lien avec Dieu si vous ne respectez pas les Lois divines ;

- Vous ne pouvez pas requérir de l'aide à Dieu si vous refusez la vôtre à ceux qui sont dans le besoin. Il est capital que votre vie soit à l'image de vos prières, et surtout à l'image de Dieu ;

- Vous ne pouvez pas demander à Dieu de vous pardonner si vous ne pouvez le faire envers ceux qui vous ont blessé ;

- Vous ne pouvez prétendre croire en Jésus Christ si vous n'appliquez pas son enseignement en manifestant envers autrui générosité, compassion, amour, pardon, assistance, humilité et bonté. Vous n'observerez pas sa voie non plus si vous passez votre temps à blâmer, juger et condamner votre prochain. Vous cessez également de suivre ses préceptes si après avoir été meurtri, vous fermez votre cœur et vous repliez sur vous-même.

Demeurer dans la bienveillance ne veut pas dire être faible. Faire preuve d'amour, de compassion et de pardon demande une grande force. Cela ne signifie pas pour autant être passif, tout accepter, ou ne pas défendre un droit bafoué. Vous avez le droit de dire non, de poursuivre votre route et de vous écarter des individus malveillants. Mais en aucun cas dans la violence, la rancœur, le ressentiment et l'amertume.

Ne soyez pas durs envers les autres parce que certains l'ont été avec vous. Les personnes que vous rencontrerez ne sont pas responsables des actions de celles que vous avez croisées dans le passé. Demeurez dans la bienveillance, assistez autant que possible ceux qui ont besoin d'aide, pardonnez ceux qui vous ont blessés.

Par ailleurs, prenez du temps pour donner à la charité : sans-abris, œuvres caritatives humaines ou animales. Partagez avec ceux qui ont moins que vous, même si vous n'avez pas beaucoup. Si votre don est fait avec cœur Dieu vous le rendra de manière décuplée. Si dans votre ville vous voyez un sans domicile fixe, offrez-lui à manger et à boire (par exemple un sandwich et un jus de fruits). Lors de votre don, dites mentalement : « Que Dieu te bénisse mon frère (ma sœur) ». L'idée est que lors de vos prières, particulièrement celles d'assistance, vous demandez à Dieu de vous aider : en retour vous assistez une personne qui a moins que vous. En aidant de la sorte votre prochain, vous permettez à l'énergie que vous recevez de Dieu de circuler et manifestez votre gratitude. Ne croyez pas que vos actions, paroles ou pensées ne soient pas scrutées du Ciel. Tout est vu et su de Dieu. Ne devenez pas ce serviteur tel que raconté par le Christ dans Matthieu 18:23-35 : *« C'est pourquoi le royaume des cieux est semblable à un roi qui voulut faire rendre compte à ses serviteurs. Quand il se mit à compter, on lui en amena un qui devait dix mille talents. Comme il n'avait pas de quoi payer, son maître ordonna qu'il fût vendu, lui, sa femme, ses enfants, et tout ce qu'il avait, et que la dette fût acquittée. Le serviteur, se jetant à terre, se prosterna devant lui, et dit : « Seigneur, aie patience envers moi, et je te paierai tout ». Ému de compassion, le maître de ce serviteur le laissa aller, et lui remit la dette. Après qu'il fut sorti, ce serviteur rencontra un de ses compagnons qui lui devait cent deniers. Il le saisit et l'étranglait, en disant « Paie ce que tu me dois ». Son compagnon, se jetant à terre, le suppliait, disant : « Aie patience envers moi, et je te paierai. ». Mais l'autre ne voulut pas, et il alla le jeter en prison, jusqu'à ce qu'il eût payé ce qu'il devait.*

*Ses compagnons, ayant vu ce qui était arrivé, furent profondément attristés, et ils allèrent raconter à leur maître tout ce qui s'était passé. Alors le maître fit appeler ce serviteur, et lui dit : « Méchant serviteur, je t'avais remis en entier ta dette, parce que tu m'en avais supplié. Ne devais-tu pas aussi avoir pitié de ton compagnon, comme j'ai eu pitié de toi ? ». Et son maître, irrité, le livra aux bourreaux, jusqu'à ce qu'il eût payé tout ce qu'il devait. C'est ainsi que mon Père céleste vous traitera, si chacun de vous ne pardonne à son frère de tout son cœur. ».*

Traitez les autres comme vous souhaitez que Dieu vous traite. Parce que vous priez ne vous dispense pas de bien vous comporter envers autrui et de respecter les Lois divines, notamment l'enseignement du Christ.

*Faire preuve d'amour et de fraternité*

« *Je suis la porte. Si quelqu'un entre par moi, il sera sauvé ; il entrera et il sortira, et il trouvera des pâturages* »

(Jean 10:9)

# CHAPITRE 7

# POURQUOI MES PRIERES NE SONT-ELLES PAS ENTENDUES ?

Le Christ nous a dit : « *Demandez, et l'on vous donnera ; cherchez, et vous trouverez ; frappez, et l'on vous ouvrira. Car quiconque demande reçoit, celui qui cherche trouve, et l'on ouvre à celui qui frappe.* » (Matthieu 7). Cette citation peut en questionner plus d'un, et j'ai souvent eu cette question : « Pourquoi mes prières ne sont-elles pas entendues ? J'ai prié et je n'ai observé aucun résultat ! ». Cette confusion concerne les prières d'assistance où le croyant fait une requête à Dieu. Beaucoup perdent leur foi de ce fait et s'interrogent sur la puissance et l'efficacité de la prière. J'aimerais répondre et exposer plusieurs facteurs à prendre en considération.

## 1. Dieu ne vous doit rien

Dieu n'est pas notre débiteur : nous le sommes envers lui. Lorsque j'étais enfant j'ai pu présenter à mes parents de multiples demandes : est-ce à dire que mon père avait le devoir de répondre à chacune d'elles ? Il en est de même pour Dieu qui ne nous doit rien : nous lui devons tout. Il nous a donné la vie et la possibilité au travers de notre incarnation terrestre de nous développer, de nous améliorer, et ce faisant de nous rapprocher de lui.

Nombreux sont ceux qui considèrent la prière tel le vœu soumis au génie de la lampe d'Aladin : ils escomptent être exaucés, et s'ils ne le sont pas alors Dieu n'existe pas, se désintéresse d'eux, ou encore, la prière n'est pas efficace.

Une pareille attitude n'est pas celle du croyant dont la foi ne dépend pas des succès de ses prières d'assistance. Ne devenez pas de capricieux enfants de Dieu qui l'aiment lorsque tout va bien, puis doutent quand certaines de leurs demandes n'obtiennent pas grâce. Comprenez que la prière d'assistance est une requête, non un commandement : Dieu avise puis décide, et sa réponse est souveraine. Qu'en nulle circonstance votre foi, amour ou dévotion ne soient impactés par le résultat de vos prières. C'est à l'occasion de sa passion que le Christ s'est tourné vers le Père.

Les saints ont pour point commun d'avoir conservé leur foi en Dieu en toute circonstance, même dans les moments les plus difficiles, et malgré leurs vies souvent très dures et parsemées d'obstacles et d'ennemis. N'oubliez jamais : *c'est dans les épreuves que la foi se révèle*. Lorsque je soumets une prière d'assistance, je la considère comme une demande faite à Dieu, et j'ai la certitude que :

- Ma requête a été entendue. Cela résulte de ma foi en Dieu. Je ne remets jamais ceci en question, c'est une condition non négociable ;

- Dieu est celui qui décide. Le Christ dit au Père alors qu'il était en grande détresse « *Epargne-moi la coupe de la souffrance, mais que ta volonté soit faite et non la mienne.* » (Luc 22 ; Matthieu 26).

Souvenez-vous du quatrième verset du « Notre Père » : « *Que **ta** volonté soit faite* ». Par ailleurs, les prières de gratitude ont pour objet de remercier les grâces reçues de Dieu. Une grâce n'implique pas une acceptation automatique : elle révèle le caractère particulier de l'approbation divine. Cela étant dit, et même si Dieu n'a pas d'obligations envers nous et demeure souverain, il ne nous ignore jamais totalement. Et son assistance, même si elle ne prend pas la forme d'une réponse directe à la requête soumise, se manifeste toujours d'une manière ou d'une autre.

## 2. Destin, cause à effet, justice divine

L'existence humaine est une combinaison de destin, de justice divine et de libre arbitre. Ce que nous appelons destin est composé d'un ensemble d'événements que nous devons vivre. Cette ligne tracée n'oblitère pas notre capacité de choix que nous appelons libre arbitre. Le simple fait de croire ou non en ce libre arbitre, de croire ou non en Dieu est une manifestation de votre liberté de choix. Comment concilier destin et libre arbitre ? Considérez ceci : vous prenez un train de Lille pour vous rendre à Lyon. Le trajet est fixé avec un point de départ, un point d'arrivée, et plusieurs arrêts entre les deux. Le trajet ne peut être changé. En revanche, dans le train, vous êtes libre. Vous pouvez passer tout le voyage à demeurer seul, ou aller au wagon-bar et discuter avec d'autres personnes. Vous pouvez lire un livre, ou peut-être échanger au téléphone avec un ami ou un membre de votre famille. Au sein de ce cadre contraint (le trajet fixé/le destin) vous avez la faculté d'organiser et d'aménager votre périple selon vos désirs par les choix que vous faites (libre arbitre).

Qui parle de capacité de choix ou de libre arbitre implique la responsabilité. Si nous avons la possibilité de prendre des décisions, nous devons en assumer les conséquences. Ces dernières se situent sur le plan humain (action/réaction, loi de cause à effet) et divin (justice divine). D'aucuns affirment que les Écritures saintes ne font pas état de cette loi de cause à effet. Je rappelle les paroles du Christ à Pierre lorsque, brandissant son épée, il tenta de le défendre face aux Romains : « *Remets ton épée à sa place ; car tous ceux qui prendront l'épée périront par l'épée.* » (Matthieu 26:52).

Pourquoi parler de destinée, de loi de cause à effet et de justice divine dans un ouvrage dédié à la prière ? Parce que celle-ci a pour cadre et restrictions ces éléments, que seule la grâce de Dieu – à l'instar d'une amnistie envers une transgression – peut lever. Nous ne pouvons obtenir une réponse favorable à une prière d'assistance si ce pour quoi nous prions :

- Entre en conflit avec notre destinée ;

- N'est pas conforme à la justice divine que nous devons éprouver du fait de certains de nos comportements passés.

Dès lors, que certaines de vos prières d'assistance ne semblent pas porter leurs fruits n'est pas un signe de leur inefficacité ou de l'absence de Dieu, mais des limitations précitées. J'ajoute que des prières irréalistes ne trouveront pas de réponse favorable non plus. De tout ceci, il résulte que :

- Il est utopique que je prie pour devenir pilote de chasse si je suis daltonien, souffre d'une pathologie oculaire, ou si je ne maîtrise pas les disciplines scientifiques ;

- Je prie pour pouvoir vivre au Japon car j'aime ce pays et cette culture. S'il est de mon destin de rencontrer ma future femme en France, alors cette demande d'expatriation ne portera pas ses fruits ;

- Je suis victime d'une affection. Je prie pour être guéri, mais la maladie demeure. Outre le fait que la prière puisse me procurer plus de forces ou m'apporter plus de soutien physique ou psychologique, peut-être dois-je la subir car de ce fait je ferai la rencontre à l'hôpital d'une personne capitale pour la suite de ma vie. Ou encore, que du fait de cette pathologie mon existence prendra un nouveau tournant (voyez la Fondation Christopher Reeve qu'il créa après son accident de cheval le rendant paralysé). Ou enfin, que cette expérience ouvrira mon cœur et développera ma bienveillance, là où auparavant je n'étais peut-être qu'un individu insensible et égoïste ;

- Je prie pour une personne atteinte d'une maladie mortelle. Malheureusement, elle décède. Son heure était venue, nous ne pouvons modifier l'heure de notre trépas déterminée par Dieu. Par vos prières, vous avez pu néanmoins lui envoyer de la lumière, atténuer ses tourments, ou avoir prodigué plus de paix et de sérénité ;

- Mon conjoint me quitte. En dépit de mes prières, il ne désire pas revenir. Peut-être ai-je au cours de ma vie fait souffrir un partenaire ? Dès lors, et du fait de la justice divine, je dois désormais endurer les affres d'une perte amoureuse ;

- Je suis égoïste, peu généreux, ou encore je manipule les autres à mon profit. Plus tard, je subis d'importantes pertes financières, professionnelles ou sentimentales, sans soutien aucun (les gens se détournent de moi ou m'abandonnent). Je peux prier autant que je le veux, je devrai éprouver la justice divine.

Ces exemples ne sont pas exhaustifs. La prière est toujours utile, d'autant que Dieu peut toujours agir positivement sur notre destinée : il peut adoucir la justice divine, nous envoyer de l'aide pour que nous surmontions une épreuve. Rien ne lui est impossible, mais cela relève de sa seule discrétion.

Enfin, lorsque nous prions mais n'obtenons pas de réponse favorable, il est souvent une leçon qui nous est transmise. Demandez-vous : « Qu'est-ce que Dieu cherche à me faire comprendre au travers de cette épreuve ? ».

## 3. Ouvrir une meilleure porte

Parfois, nous prions pour obtenir une chose, mais nous sommes tellement concentrés sur cette chose, sur la manière dont elle doit se manifester, sur le résultat précis que nous attendons, que nous ne voyons pas les effets de nos prières si ceux-ci diffèrent. Conservons à l'esprit qu'il peut y avoir un écart entre ce que nous souhaitons et ce dont nous avons besoin. Ce que nous voulons n'est pas toujours ce qui est bon pour nous. « *Attention à ce que tu désires, car tu risquerais de l'obtenir* » est une citation anglo-saxonne bien connue. Si nous nous souvenons de ce verset du « Notre Père » : « *Que **ta** volonté soit faite* », nous gardons en mémoire que face à nos requêtes, seule la volonté de Dieu prime. Si nous n'avons pas généralement conscience de ce qui est réellement bon pour nous, il le sait et nous devons lui accorder à ce titre toute notre confiance.

Parce que Dieu nous aime, il ne nous refuse jamais en totalité une demande en nous laissant isolés dans notre souci. S'il estime que ce que nous sollicitons n'est pas ce dont nous avons besoin, il nous répondra d'une autre manière. Mon père avait pour habitude de dire « *Lorsque Dieu ferme une porte, c'est pour en ouvrir une autre* ». Ainsi, lorsque j'effectue une prière d'assistance et expose ma requête à Dieu, je ne manque jamais de terminer en lui disant que *s'il a un autre plan pour moi, alors que sa volonté soit faite*. J'ai une foi absolue en Dieu. Je sais qu'il ne m'abandonnera jamais. Et je sais aussi que Dieu omnipuissant, omniscient, et créateur de toute chose sait mieux que moi ce dont j'ai besoin pour mon développement. Ceci est la meilleure attitude que vous puissiez avoir lors de vos prières.

Le plus grand écueil durant de la prière d'assistance est une analyse binaire de la situation : soit j'obtiens ce que je demande et la prière marche, soit je n'obtiens pas satisfaction et elle ne fonctionne pas. Si vous croyez en Dieu vous ne pouvez-vous permettre de douter un seul instant de lui, ni que lorsque vous priez vous êtes entendu. Par exemple :

- Vous êtes en recherche d'emploi et avez décroché un entretien d'embauche. Vous êtes excité mais angoissé à l'idée de passer cet entretien. Obtenir cet emploi est vital pour vous ! Vous priez Dieu de vous assister. Tristement, un autre candidat est engagé ;

- La société pour laquelle vous travaillez envisage de congédier certains salariés. Malgré vos prières, vous êtes licencié ;

- Vous visitez cette maison pour laquelle vous avez eu un coup de cœur. Vous priez pour en devenir l'heureux propriétaire. Malheureusement, elle est vendue à quelqu'un d'autre ;

- Vous êtes en couple avec une personne que vous aimez, mais la situation s'est dégradée. Vous priez pour que les choses s'améliorent. Malheureusement, votre partenaire vous quitte ;

- Vous souffrez d'un mal physique et priez pour être admis dans un centre médical particulier afin d'y être traité. Malgré vos prières, l'hôpital ne peut vous accepter avant une date trop éloignée.

Je pourrais continuer à l'infini ces exemples qui illustrent une demande avec pour résultat la porte qui se ferme. Trop de personnes dans ces situations perdent foi en la prière (et parfois en Dieu). Ce serait comme un enfant qui déciderait de ne plus aimer ses parents parce qu'ils lui ont refusé une requête !

Si Dieu ne permet pas à une porte de s'ouvrir, c'est parce qu'il vous en réserve une bien meilleure : un meilleur emploi, un meilleur partenaire, une meilleure maison, etc. Encore faut-il que vous l'acceptiez et demeuriez ouvert aux autres portes. Ainsi, et pour reprendre les exemples précités :

- Vous êtes licencié de votre entreprise. Ultérieurement, en discutant avec un voisin, vous apprenez qu'une autre société recrute. Vous postulez et obtenez le poste avec peut-être un meilleur salaire ou de meilleures conditions de travail, une meilleure ambiance, ou avec une perspective d'évolution meilleure. Scénario alternatif : ce licenciement vous donne l'occasion de changer de voie professionnelle (vous en aviez l'idée depuis un moment) et dans laquelle vous vous épanouissez ;

- Vous poursuivez vos recherches immobilières et trouvez une autre maison, plus grande, ou plus proche de votre travail, ou au sein d'un voisinage où vous ferez une rencontre sentimentale, professionnelle ou sociale majeure pour votre vie. Scénario alternatif : ce que vous ignoriez est que cette fameuse maison de vos rêves dont vous n'avez pu devenir propriétaire se serait avérée être un gouffre financier du fait de malfaçons, vices cachés ou de travaux futurs importants à réaliser. Ou peut-être auriez-vous eu des voisins malveillants ;

- A la suite de la rupture amoureuse, vous bénéficiez d'une mutation professionnelle dans une autre région de France ou à l'étranger, et vous faites la rencontre d'un nouveau partenaire qui peut-être aura des qualités dont votre ex ne disposait pas, et/ou avec lequel vous finirez vos jours et aurez une complicité supérieure. Scénario alternatif : cette rupture vous conduit à vous concentrer sur une activité que vous n'aviez peut-être pas pu pratiquer lorsque vous étiez dans cette relation, et celle-ci vous permet de rencontrer des personnes socialement ou sentimentalement plus intéressantes, vous procurant ainsi un bien-être ou un niveau d'épanouissement inégalé ;

- Dieu ne vous a pas abandonné concernant l'hôpital qui n'a pu vous accueillir. Il a peut-être décidé de ne pas vous y faire accepter parce que si cela avait été le cas vous auriez contracté une maladie nosocomiale, ou peut-être que l'opération se serait mal passée. Il clôt cette porte pour vous en ouvrir une autre, et de fait vous serez admis un peu plus tard au sein d'un établissement de soins qui vous soignera sans incident. Ou encore, il ferme la porte de cet hôpital pour un autre où vous aurez une rencontre majeure pour votre vie. Scénario alternatif : votre heure de trépas oblige à ce que vous ne puissiez être pris en charge à temps, cette heure étant fixée et ne pouvant être changée.

En somme, ne laissez pas une prière d'assistance a priori non exaucée vous déprimer. Ayez foi en Dieu, c'est la clé de tout ! Il sait mieux que vous !

*Ouvrir une meilleure porte*

## 4. Vous ne voyez pas les effets de votre prière

Il n'est pas rare d'avoir des cas où vos prières sont entendues, mais du fait que vous soyez concentré sur votre demande, et sur comment celle-ci doit prendre forme, vous n'en voyez pas les effets.

Cette cliente – que nous appellerons Suzie – vint un jour à moi parce que souffrant d'un immense stress. Rien n'allait dans sa vie : elle était propriétaire d'une maison secondaire qu'elle tentait de vendre depuis deux ans faute d'acheteur, avait perdu son emploi, et était sentimentalement seule. Environ deux semaines après avoir initié des prières pour l'assister, elle me contacte et m'indique qu'elle ne ressent aucun changement positif. Je ne me formalise pas car lorsque je prie j'ai une fois absolue que mes prières sont entendues et la lumière envoyée. Je lui demande des nouvelles depuis notre précédent échange. Au sein des soucis qu'elle m'expose apparait qu'elle a enfin reçu une offre d'achat pour la fameuse maison secondaire, le compromis de vente étant prévu dans les jours à venir ! Vous seriez surpris de constater à quel point ce cas n'est pas rare. Suzie était devenue tellement consumée par ses problèmes, voyant tout en noir, qu'elle était incapable de relever la moindre amélioration, même lorsque celle-ci était sous ses yeux. Ou peut-être était-elle concentrée sur la rencontre avec un nouveau partenaire, et dès lors n'avait pas vu la bonne nouvelle concernant sa résidence.

Autre exemple : Corinne vient à moi désespérée et m'expose un souci de santé qu'aucun médecin ne peut expliquer. Je débute un travail de prières pour l'assister. Je sais d'expérience que la lumière de Dieu peut se manifester de diverses manières : elle peut agir directement sur la pathologie, ou indirectement. En l'espèce, la réponse aux prières fut indirecte en lui permettant de faire une rencontre un jour où elle se rendait au marché, et au terme de laquelle elle fut dirigée vers un nouveau médecin qui a pu trouver un traitement pour la soulager.

La prière peut recevoir une réponse de tant de façons différentes. Si vous faites une demande d'assistance sans voir les effets directs de la prière, ne négligez pas toute forme indirecte de réponse. Cela peut être :

- Une personne connue ou croisée « par hasard » vous donnant un conseil, ou qui vous guide dans la bonne direction ;

- Une nouvelle rencontre qui n'agira peut-être pas directement sur votre souci, mais vous rendra heureux ou augmentera votre bien-être ;

- Une nouvelle inspiration ou idée qui vous aide à régler le problème ;

- Un gain, un tournant dans la vie (ce qui peut passer parfois par une perte, une rupture, afin d'ouvrir un canal plus positif), des bonnes nouvelles ou de nouvelles opportunités ;

- De manière générale la fin par ailleurs d'une situation qui vous était nocive, peu importe le domaine ;

- Un sentiment de plus grand calme, de plus grande sérénité, une plus grande confiance. En ce cas, Dieu a pu vous envoyer ses énergies de réconfort pour vous aider à traverser l'épreuve au sujet de laquelle vous avez requis son assistance.

Ce ne sont que quelques exemples et la liste n'est pas exhaustive. Ne doutez jamais de vos prières, et comprenez qu'elles peuvent se manifester de diverses manières. Si vous n'êtes concentré que sur un seul aspect de votre demande et demeurez fermé, vous ne verrez pas les autres voies empruntées par Dieu pour vous répondre.

## CHAPITRE 8

# PEUT-ON PRIER LES ANGES ET LES SAINTS ?

Je souhaite aborder cette question pour ceux d'entre vous qui prient les anges ou les saints, ou envisagent de le faire. Un client vint me trouver un jour me disant qu'une personne lui avait dit qu'il était interdit de les prier car cela relève de l'idolâtrie. Je me suis vu moi-même opposer le 1er commandement de Dieu selon lequel nous ne devrions pas aimer ou adorer d'autres Dieux que le Seigneur. Le 1er commandement ne concerne ni les anges ni les saints puisque ces derniers ne sont pas des dieux mais les messagers de Dieu, rendant de fait ce texte caduc comme fondement de cette interdiction. Ensuite, si nous observons le contexte historique où de multiples cultes païens prospéraient, nous comprenons que c'est contre ceux-ci que ce commandement fut édicté. Aussi, prier un ange ou un saint ne relève pas à de l'adoration. Il existe en effet des prières d'adoration mais celles-ci sont réservées à Dieu, et d'autres formes de prières comme celle d'assistance existent et ne lui sont pas réservées. Si je prie un ange ou un saint de m'assister à l'occasion d'un souci je ne l'adore pas : je lui demande simplement de m'aider, et en aucun cas ceci est incompatible avec l'adoration unique envers Dieu.

D'un point de vue théologique, il n'est nulle part indiqué dans l'Ancien ou le Nouveau Testament l'interdiction formelle de prier les anges ou les saints. Certes, nous ne les adorons pas, mais prier les représentants de Dieu ne relève pas de l'adoration mais du recours à leur intercession auprès du Père. Si le Christ nous a enseigné comment le prier, il ne faut pas en déduire que prier les anges et les saints est pour autant proscrit. D'autant que les saints se sont développés durant l'essor du christianisme, donc post-crucifixion du Christ. La parole du Christ visait à remettre en priorité et au centre l'adoration à Dieu.

## Les anges en tant que protecteurs

Si les saints sont absents de la Bible pour la raison précédemment invoquée, les anges sont bien mentionnés. De nombreux passages indiquent leur présence pour nous aider et nous protéger. Quelques exemples :

Dans Matthieu 18:10, Jésus précise à ses Apôtres au sujet des enfants : « *Gardez-vous de mépriser un seul de ces petits; car je vous dis que leurs anges dans les cieux voient continuellement la face de mon Père qui est dans les cieux* ». Il fait état de leurs anges gardiens présents pour les assister ;

Dans le 4$^{ème}$ le livre des Rois (*4 R 6, 16–17*), il est écrit : « *Élisée et son serviteur contemplaient autour d'eux les troupes d'anges, envoyés d'en-haut pour les défendre.* » ;

Dans 1 Rois 19:5-8, l'ange donne à manger et à boire à Eli pour qu'il ait assez de force : « *Et voici qu'un ange le toucha et lui dit: «Lève-toi et mange.» Elie regarda et il vit à son chevet un gâteau cuit sur des pierres chauffées ainsi qu'une cruche d'eau. Il mangea et but, puis se recoucha. L'ange de l'Éternel vint une deuxième fois, le toucha et dit : « Lève-toi et mange, car le chemin est trop long pour toi.» Il se leva, mangea et but. Puis, avec la force que lui donna cette nourriture, il marcha 40 jours et 40 nuits jusqu'à la montagne de Dieu [...].* » ;

Dans le Livre de Daniel (Daniel 6:2-29) l'ange du Seigneur protège Daniel des lions lorsqu'il est dans la fosse ;

Dans le Livre de Tobie l'Archange Raphaël assiste Tobie et le guide dans son voyage. Plus encore, il opère un miracle en permettant à Tobith, son père, de recouvrer la vue ;

Dans l'Apocalypse 22:8-9 de Jean ce dialogue entre Jean et un ange : « *Moi, Jean, j'ai entendu et vu tout cela. Après avoir entendu et vu ces choses, je me prosternai aux pieds de l'ange qui me les avait montrées, et j'allais l'adorer. Non, me dit-il, ne fais pas cela ! Je suis ton compagnon de service et celui de tes frères, les prophètes, et de ceux qui obéissent aux paroles de ce livre. Adore Dieu !* ».

Ce passage nous rappelle à juste titre que nous ne devons pas adorer les anges. Il précise cependant que l'ange se présente comme un compagnon de « service », soulignant ainsi le rôle d'assistance des anges.

## Les anges en tant que messagers de Dieu

Les anges apparaissent également comme les envoyés de Dieu délivrant un message. Quelques exemples non exhaustifs :

Dieu parle à Jean au travers de l'ange, comme indiqué dans Apocalypse 1:1 : « *Révélation de Jésus-Christ, que Dieu lui a donnée pour montrer à ses serviteurs les choses qui doivent arriver bientôt, et qu'il a fait connaître, par l'envoi de son ange, à son serviteur Jean* » ;

Il envoie l'Archange Gabriel à Marie pour lui annoncer la future venue de Jésus, comme indiqué dans Luc 1:26-28 : « *Au sixième mois, l'ange Gabriel fut envoyé par Dieu [...] auprès d'une vierge fiancée à un homme de la maison de David, nommé Joseph. Le nom de la vierge était Marie. L'ange entra chez elle, et dit : Je te salue, toi à qui une grâce a été faite ; le Seigneur est avec toi.* » ;

Lorsque Joseph songe à rompre ses fiançailles avec Marie, l'Ange apparait et lui délivre le message de Dieu : « *Il réfléchissait à ce projet quand un ange du Seigneur lui apparut en rêve et lui dit : Joseph, descendant de David, ne crains pas de prendre Marie pour femme, car l'enfant qu'elle porte vient de l'Esprit Saint. Elle donnera naissance à un fils, tu l'appelleras Jésus. C'est lui, en effet, qui sauvera son peuple de ses péchés.* ».

En qualité d'émissaires de Dieu délivrant des messages, les anges apparaissent également pour conseiller ou pour donner du courage. Par exemple :

Dans Juges 6 l'ange de Dieu réconforte Gédéon : « *L'ange de l'Éternel lui apparut, et lui dit : L'Éternel est avec toi, vaillant héros !* » ;

Dans Actes 8:26 l'ange prodigue ce conseil à Philippe : « *Un ange du Seigneur, s'adressant à Philippe, lui dit: lève-toi, et va du côté du midi, sur le chemin qui descend de Jérusalem à Gaza, celui qui est désert.* ».

Bien entendu, lors de nombreux de ces exemples une communication s'établit entre l'ange et l'humain : ainsi Marie questionne Gabriel (Luc 1:34), Abraham et Jacob échangent avec l'ange (Genèse 22:11 et 31:11), Balaam s'adresse à l'ange (Nombres 22:34), Zacharie révèle sa discussion avec l'ange (Zacharie 1), le Roi David s'adressait directement aux anges (voir par exemple le Psaume 148:2).

Et que dire du rôle médiateur des anges pour porter nos prières aux Cieux, comme indiqué par l'Archange Raphaël à Tobie et Tobith : « *Quand tu priais en même temps que Sarra, c'était moi qui présentais votre prière devant la gloire de Dieu [...]* ».

Les anges sont donc à nos côtés depuis notre naissance, nous assistent, nous protègent, nous prodiguent aide et conseils, et intercèdent pour nous auprès de Dieu. Les prier n'est par conséquent nullement proscrit.

## Les Saints

Non seulement ils sont reconnus par l'Eglise mais plus encore, les miracles opérés en leurs noms à travers le monde sont nombreux, indiscutables, et contredisent l'interdiction faite par certains de les prier.

En effet, aucune guérison ne peut survenir sans l'assentiment de Dieu.

Les saints sont nos grands frères sur le chemin divin : des êtres humains parvenus par leur foi et leur adoration à être de purs conduits de la lumière divine. Ce n'est pas le saint qui guérit : c'est Dieu qui agit par leur intercession. Parler d'idolâtrie est donc sans objet. Je terminerai par ces trois citations :

1. Le *Lumen Gentium* (partie 49) indique des saints qu'ils « *ne cessent d'intercéder pour nous auprès du père* », et qu'ainsi « *Leur sollicitude fraternelle est du plus grand secours pour notre infirmité.* » ;

2. Sainte-Thérèse disait : « *Je veux passer mon ciel à faire du bien sur la terre.* » ;

3. Saint Dominique peu de temps avant de mourir : « *Ne pleurez pas, je vous serai plus utile après ma mort et je vous aiderai plus efficacement que pendant ma vie.* ».

*Sainte Thérèse de Lisieux*

LA PRIERE

*« Je suis le bon berger. Le bon berger donne sa vie pour ses brebis »*

(Jean 10:11)

# PARTIE II

# L'autel spirituel

« *Aimez vos ennemis, faites du bien à ceux qui vous haïssent, bénissez ceux qui vous maudissent, priez pour ceux qui vous maltraitent.* »

(Luc 6:27-28)

# CHAPITRE 1
# QUESTIONS AU SUJET DE L'AUTEL SPIRITUEL

## 1. Définition et utilité de l'autel spirituel

On désigne par autel spirituel tout support garni de représentations divines et volontairement choisi pour effectuer ses prières : petite table basse, étagère, table de nuit, ou tout meuble servant ce but. Il est de multiples autels dans les églises, aussi pourquoi ne pas en disposer d'un à votre domicile ?

La question est de savoir s'il est nécessaire d'avoir un tel autel chez soi. Dieu n'est pas strict lorsqu'il s'agit pour nous de manifester notre foi et notre amour. Donc, non, l'autel n'est pas indispensable. Une personne qui pratiquera la prière sans autel mais de manière sincère aura plus d'efficacité et une relation avec Dieu plus forte qu'une autre personne qui bénéficierait d'un autel mais ne prierait qu'occasionnellement. Cela étant dit, avoir un petit autel présente de multiples avantages :

D'une part, il sera à la fois votre point de concentration spirituel et votre lieu de refuge. L'endroit où vous pourrez vous recueillir et nourrir votre lien avec Dieu. Plus vous y prierez, plus vous ferez de votre habitation la maison de Dieu et augmenterez les énergies divines.

Par ailleurs, et parce que cet autel sera votre espace spirituel, il sera plus aisé de maintenir une routine régulière de prières puisque vous le verrez chaque jour.

Aussi, et du fait de la présence constante des énergies de Dieu dans votre demeure, votre lieu de vie sera moins vulnérable aux forces du mal (âmes errantes, esprits malins), puisque ces dernières ne pourront supporter la présence des vibrations divines. Si on ne peut « tuer » un esprit, pure énergie et non incarné, on peut le chasser. Plus votre espace est chargé, moins il y a de place pour les esprits impurs. L'autel spirituel joue ici son rôle protecteur contre les forces du mal.

Enfin, j'affectionne l'idée selon laquelle « ma maison est celle du Seigneur » et ainsi avoir un autel qui manifeste mon amour de Dieu, ma foi en lui, et mon ardent désir de vivre chaque moment en sa compagnie.

## 2. La question de l'idolâtrie

Pour certains, disposer d'un autel garni de représentations célestes est interdit car manifeste l'idolâtrie. L'argument trouve sa source dans Exode 20:4 où il est écrit : « *Tu ne te feras aucune image sculptée, rien à ce qui ressemble à ce qui est dans les cieux, là-haut, ou sur la terre, ici-bas, ou dans les eaux, au-dessous de la terre.* ». Le commandement semble clair et sans ambivalence. Il est pour autant un nombre certain de raisons pour lesquelles il est obsolète.

Ce commandement date de l'Ancien Testament qui n'est pas le fondement du christianisme. Par ailleurs, s'il devait toujours être en vigueur à ce jour, nous devrions fermer toutes les églises, cathédrales, monastères, basiliques, chapelles, et autres lieux saints où sont présentes des statues, que ce soient celles du Christ, de la Vierge Marie, des anges ou des saints. Tous les prêtres, moines et ecclésiastiques du monde violeraient les lois de Dieu. A l'inverse, si ces lieux religieux sont autorisés à présenter des statues devant lesquelles nous pouvons nous recueillir, alors pourquoi ne le pourriez-vous pas avec votre autel ?

En outre, même à l'époque du Décalogue, cette loi a connu des exceptions :

- Salomon fit figurer deux chérubins au-dessus de l'Arche d'Alliance.

Voir à ce titre 1 Rois 6:23-35 : « *Il fit dans le sanctuaire deux chérubins en olivier sauvage, hauts de 5 mètres.* ». *Il fit sculpter sur tout le pourtour des murs de la maison, à l'intérieur et à l'extérieur, des chérubins, des palmes et des fleurs entrouvertes. » Il y fit sculpter des chérubins [...] et il les couvrit d'or qu'il étendit sur la sculpture. »* ;

- Dans Nombres 21:8-9 Dieu ordonne à Moïse de bâtir un serpent d'airain pour sauver les hébreux des morsures de serpent.

Ensuite, il faut remettre le Décalogue dans son contexte historique. A cette époque où Dieu n'avait pas de visage, il était inconnu et n'avait aucune représentation, contrairement aux autres cultes païens. Ce commandement de Dieu visait donc à établir sa distinction (et primauté) sur les autres cultes existants. Souvenons-nous de l'épisode du Veau d'Or (Exode 32) où Moïse entre dans une colère noire lorsque les Hébreux, par l'entremise de son frère Aaron, firent construire un Veau d'Or qu'ils adorèrent.

*Statuette de la Vierge Marie*

Mais ce qui rend caduque ce commandement issu du Décalogue est qu'entre celui-ci et aujourd'hui s'est produit un événement majeur avec le Nouveau Testament marqué par l'arrivée du Christ, élément fondateur du christianisme, et apportant un renouveau à l'Ancien Testament. Avec le Christ, Dieu a pris face et s'est personnifié. Citons cette affirmation de Saint-Jean Damascène (imag. 1, 16) : « *Autrefois dieu qui n'a ni corps, ni figure, ne pouvait absolument pas être représenté par une image. Mais maintenant qu'il s'est fait voir dans la chair et qu'il a vécu avec les hommes, je peux faire une image de ce que j'ai vu de dieu... le visage découvert, nous contemplons la gloire du seigneur.* ».

Ajoutons par ailleurs cette citation du Christ dans Jean 14:19 : « *Philippe lui dit : Seigneur, montre-nous le Père, et cela nous suffit. Jésus lui dit : Il y a si longtemps que je suis avec vous, et tu ne m'as pas connu, Philippe ! Celui qui m'a vu a vu le Père ;* ».

Le christianisme a dès lors vu émerger des icônes et des représentations divines, comme cette fresque montrant la Vierge Marie dès le IIème siècle dans les catacombes de Priscille. En devenant religion officielle, il voit fleurir les lieux arborant mosaïques, peintures et sculptures.

Enfin, cette polémique a trouvé sa conclusion lors de Concile de Nicée (787) et Concile de Trente (1533) n'interdisant pas les représentations religieuses, en ligne avec Saint-Basile : « *L'honneur rendu à une image remonte au modèle original [...] Quiconque vénère une image, vénère en elle la personne qui y est dépeinte.* ». Et c'est bien ce qu'il faut comprendre : on ne vénère pas la statue en tant que telle, *on rend hommage au travers de la statue à ce qu'elle représente*. Si je prie devant une représentation du Christ ou de la Vierge Marie, ce ne sont pas leurs statues devant lesquelles je m'agenouille, mais Marie ou le Christ représentés par la statue. Certaines personnes en ont besoin pour ressentir une plus grande proximité avec Dieu, davantage de réconfort, et une aide dans leur foi.

Je préfèrerai toujours un croyant qui prie le Christ devant sa représentation qu'un autre qui obéit au Décalogue et ne prie jamais (ou très peu), ou même s'il prie, passe son temps à juger, blâmer et condamner son prochain, violant ainsi l'enseignement du Christ.

Je terminerai par ces deux références plus récentes :

- Sainte Bernadette, gratifiée par l'apparition de la Vierge Marie n'a jamais exprimé de réticence envers des statues de la Vierge. Plus encore elle fut vue une fois prier devant la statue de Saint-Joseph ;

- Sainte-Thérèse de Lisieux, connue pour la fameuse statue de la Vierge du sourire, qui appartenait à sa famille et par laquelle la Vierge lui apparut et la guérit alors qu'enfant elle était malade, dit dans ses écrits : « *Avant de prendre la plume, je me suis agenouillée devant la statue de Marie, je l'ai suppliée de guider ma main afin que je ne trace pas une seule ligne qui ne lui soit agréable.* ».

En conclusion, soyez rassurés et utilisez des représentations divines si vous le désirez ou si cela peut vous aider dans votre pratique spirituelle. Dieu ne vous punira pas pour cela.

*L'autel, lieu de refuge spirituel*

*« Il y aura plus de joie dans le ciel pour un seul pécheur qui se repent, que pour quatre-vingt-dix-neuf justes qui n'ont pas besoin de repentance. »*

(Luc 15:7)

CHAPITRE 2

# PREPARATION ET USAGE DE L'AUTEL

Nous allons désormais aborder la question de la création de votre autel. De la même manière que Dieu nous aime et nous assiste que nous disposions ou non d'un autel, il n'est pas regardant sur la manière dont celui-ci sera aménagé. Bien sûr, nous ne pouvons pas faire n'importe quoi, mais la liberté est grande. Cet autel peut aller du plus élaboré au plus basique. Le simple fait de réaliser l'effort d'avoir un autel spirituel dédié à Dieu traduit déjà votre cœur, votre foi, et votre souhait de vous rapprocher de lui. Ceci sera hautement apprécié.

### 1. Éléments constitutifs de l'autel spirituel

Tout ce dont vous aurez besoin est d'un petit espace dédié, d'un tissu, d'au moins une représentation divine, et d'une lumière.

Pour l'espace, vous utiliserez une petite table ou table basse. Vous en avez peut-être déjà une. On peut en trouver de différentes tailles et matières (plastique, bois) dans le commerce, soit en boutique ou en ligne sur internet. A ce jour (été 2022), je vois qu'un commerçant majeur en ligne en vend pour 20 à 30€. Elle n'a pas besoin d'être sophistiquée ou onéreuse : l'essentiel est d'en disposer d'une qui vous servira de base. Vous pouvez également utiliser une table de nuit ou de chevet. Si vous choisissez une étagère ou une partie d'un meuble, assurez-vous qu'il n'y ait rien d'autre dessus, et que vous pourrez brûler des bougies sans altération aucune et sans risque d'incendie.

S'agissant du tissu, vous aurez besoin d'une nappe blanche uniforme (sans dessins ni motifs). Vous le poserez sur la petite table basse ou table de nuit. Vous opterez pour un tissu neuf qui n'a jamais servi. On en trouve dans le commerce pour peu cher. Si vous en avez déjà un, lavez-le avant de l'utiliser. Il est possible qu'avec le temps celui-ci se salisse. Si vous pouvez le relaver, faites-le ; à défaut, vous le remplacerez le moment venu. Ayant pour ma part recours à de nombreuses bougies et accessoires comme de l'encens, je dois le changer plusieurs fois par an.

Concernant la représentation divine, il vous suffit de mettre au centre en haut de la table une image du Christ. Cette représentation n'a pas besoin d'être onéreuse. Elle peut être :

- Une petite médaille du Christ (en argent par exemple) ;

- Une petite carte postale ou carte plastifiée à l'effigie du Christ (on en trouve pour quelques euros) ;

- Une statue/statuette du Christ (aucun critère sur la taille) ;

- Pourquoi pas un crucifix. À ce titre ma préférence va à un crucifix nu. Je n'aime pas avoir Jésus en souffrance sur la Croix.

Une autre possibilité est d'aller sur internet, de chercher « Jésus Christ », et parmi les images proposées de choisir celle qui vous plait et de l'imprimer en couleur. Vous la mettrez dans un petit cadre (format 13*18 par exemple) que vous placerez au centre en haut de votre autel.

Voilà, vous avez créé votre autel spirituel ! Comme vous le voyez, ce n'était pas très compliqué. C'est là que vous prierez Dieu, le Christ, la Vierge Marie. Je précise que vous pourrez utiliser le même autel pour prier les anges et les saints si vous le souhaitez, puisqu'ils vénèrent et servent Dieu. En adorant Dieu et le Christ vous attirez à vous toutes les forces célestes. Il n'est donc pas nécessaire d'avoir une représentation de toutes ces forces sur votre autel. Si vous souhaitez prier Sainte Rita, vous n'êtes pas obligé de mettre son image (vous le pouvez bien sûr). Votre autel sera votre espace d'adoration, de confession, de gratitude, de recueillement, de requêtes, et toute force divine appelée répondra à votre appel.

Enfin, concernant la lumière, vous mettrez à côté ou devant le Christ une bougie neuvaine blanche et vous l'allumerez. Vous n'avez pas besoin d'utiliser une neuvaine avec l'image du Christ, une blanche suffit. Ces bougies qui brûlent neuf jours sont sures. Vous pouvez si vous le voulez mettre sous la neuvaine une petite sous-tasse à café pour ajouter un élément de protection. Lorsque la neuvaine s'est consumée, vous la remplacerez par une nouvelle. L'idée est d'avoir une lumière divine perpétuelle (physiquement et symboliquement). Il est plus économique d'acheter ces bougies de neuvaines en lots. J'ai pour habitude d'en acheter par dix. Cela me coûte 40€ environ, et j'en pour trois mois de lumière constante. La lumière doit être naturelle : pas de lumière électrique. Alternativement, une petite lampe à huile peut être utilisée dès lors qu'elle brûle en permanence.

Si vous voulez ajouter des éléments vous le pouvez, mais à condition de respecter le paradigme chrétien uniquement. Dès lors, ne placez pas de photos de vos ancêtres sur cet autel ni certains de leurs objets (bijoux par exemple). Ne mettez pas non plus d'icônes étrangères telles que des images d'un dieu hindou ou autre. Votre autel ne comprend donc que le Christ au centre, si vous le souhaitez la Vierge Marie, et les anges et les saints. Les fleurs sont permises, mais doivent être vivantes (pas en plastique), et devront être retirées – voire changées - lorsque fanées.

Si vous optez pour une représentation de la Sainte Vierge en sus du Christ, vous la poserez à côté de lui, à sa gauche ou à sa droite, et *au même niveau*. Cette représentation peut être une statue, une médaille, une carte plastifiée, photo ou image imprimée en couleur mise dans un cadre. Sous le Christ (et de la Vierge Marie si vous l'avez mise à ses côtés) vous placerez les représentations des anges et des saints le cas échéant.

S'agissant de la lumière de base, une seule neuvaine suffit pour cette ligne supérieure de votre autel avec le Christ et la Vierge Marie. Vous la remplacerez par une nouvelle bougie de neuvaine blanche lorsque consumée. Bien entendu, si vous décidez à un moment de pratiquer une neuvaine pour le Christ ou pour Marie, alors vous utiliserez en plus de cette neuvaine de base une seconde bougie de neuvaine blanche particulière pour ces neuf jours de prières. La bougie de neuvaine de base (celle qui en tout état de cause est toujours présente sur votre autel) peut être au même niveau entre le Christ et la Vierge (donc entre eux), ou si la Vierge est à la droite du Christ vous pouvez mettre la neuvaine à sa gauche (et vice versa). Vous pouvez mettre la neuvaine sous la représentation du Christ si vous voulez.

Pour ma part, je préfère que cette bougie soit à côté du Christ et à la même hauteur, car j'aime pouvoir le regarder et ne pas avoir ma vision obstruée par la neuvaine. Donc pour résumer : votre autel comprendra une ligne supérieure en haut et où vous aurez sur la même ligne au centre le Christ, à sa gauche ou à sa droite la Vierge Marie (si vous souhaitez la représenter), et entre eux ou à côté du Christ la bougie de neuvaine blanche. Les représentations (optionnelles) des anges et des saints se placent en dessous.

Petit conseil : ne postez pas de photos de vos autels sur les réseaux sociaux ou sur les forums de discussion. Quel objectif cela accomplit-il si ce n'est satisfaire votre ego en cherchant des commentaires admiratifs ? Votre autel, vecteur de votre spiritualité, doit demeurer privé, et ne concerner que vous et Dieu. C'est la raison pour laquelle je ne publie pas dans cet ouvrage de photo du mien. Souvenons-nous des paroles du Christ dans Matthieu 6:5-6 : *« Lorsque vous priez, ne soyez pas comme les hypocrites, qui aiment à prier debout dans les synagogues et aux coins des rues, pour être vus des hommes. Je vous le dis en vérité, ils reçoivent leur récompense. Mais quand tu pries, entre dans ta chambre, ferme ta porte, et prie ton Père qui est là dans le lieu secret ; et ton Père, qui voit dans le secret, te le rendra. »*.

Pour finir, je précise qu'il est bon de nettoyer et de purifier la table et le tissu avant de les utiliser. C'est une question de respect envers Dieu que d'employer des éléments non souillés, ni physiquement, ni énergétiquement. Aussi, vous prendrez soin de bien nettoyer la base (table/étagère) qui constitue votre autel et d'utiliser un tissu propre. Une fois ceci fait, vous allumerez de l'encens (par exemple un épi de sauge blanche) pour purifier le meuble et la nappe en passant la fumée au-dessus, en dessous et tout autour, avec une formule que vous direz à voix haute du type : « Au nom de Dieu tout puissant et de Jésus Christ, que cet autel soit désormais purifié, béni, et libéré de toute énergie impure ». Vous pourrez ensuite aménager votre autel tel qu'expliqué dans ce chapitre. Songez à purifier toute statue, médaille ou cartes plastifiées vendues dans le commerce que vous seriez amenés à utiliser afin de les purifier également. Idem si vous achetez un cadre pour placer une photo imprimée. Inutile de purifier les bougies, même si cela n'est pas proscrit bien entendu.

## 2. Dans quelle pièce mettre son autel spirituel ?

Séjours, salons, chambres à coucher, bureaux, vérandas ou patios fermés sont de bons endroits. Certains pensent qu'un autel ne peut être placé dans la chambre car nous pouvons être nus parfois et y avons notre activité sexuelle. Dieu ne nous a pas créé habillés, donc il n'est pas irrespectueux d'être nus, je l'ai déjà indiqué. Quant à la sexualité, Dieu ne nous a pas conçus comme asexués, et la sexualité, si fondée sur l'amour et le respect, ne contrevient pas à Dieu. Aussi, avoir des rapports avec votre partenaire dans la pièce où est votre autel ne pose pas de souci. En ce qui me concerne, j'aime avoir mon autel spirituel dans ma chambre à coucher. Cela m'apporte une sensation de réconfort tandis que je m'endors, tel un enfant qui préfère dormir avec une petite lumière allumée. Lorsque j'éteins la lumière de ma chambre et que celle de la neuvaine l'illumine, cela me procure un sentiment de joie, de bien-être, et de sécurité. Par ailleurs, j'aime le matin quand j'ouvre les yeux, regarder le Christ et la Vierge Marie. C'est le meilleur réveil possible !

## 3. Utiliser son autel spirituel

L'usage de votre autel se résume en ces deux mots : liberté et simplicité. L'unique recommandation est de l'utiliser au moins une fois par jour, lors de votre prière matinale. Pour le reste, vous êtes libre. Cet autel est votre lieu de discussion avec Dieu quand vous êtes chez vous, sans que cela vous prive de le prier en tout lieu par ailleurs si vous en éprouvez l'envie ou le besoin. Je prie partout, que ce soit à la maison, dans les transports en commun, lorsque je fais les courses, lors de mes promenades dans la nature, en voiture, pendant mes marches, etc. Le lien que vous avez avec Dieu ne se limitera pas à votre autel, mais quand vous serez à votre domicile ce sera votre endroit de prières. Quant à l'utilisation de votre autel, les choses sont très simples :

1. Allez à votre autel et mettez-vous dans une situation confortable.

Pensez selon le moment de la journée où vous priez d'avoir préalablement fait votre toilette, ou au minimum de vous être lavé les mains. Commencez par le « le Notre Père » (*page 92*) ;

2. Appelez l'énergie divine avec laquelle vous désirez vous discuter. Une formule simple du type : « Ô, Seigneur Jésus, viens à moi s'il te plait, car je souhaite m'entretenir avec toi », dans le cas où vous choisiriez de prier le Christ, ou « Ô mon Dieu, je viens à toi en ce jour car je souhaite te parler » par exemple si vous vous adressez à Dieu ;

3. Enfin, exprimez-vous selon votre cœur, et terminez en offrant une bougie blanche verticale ou chauffe-plats en témoignage de votre amour et gratitude.

# PARTIE 3

# PRIERES TRADITIONNELLES

*« Heureux les miséricordieux, car ils obtiendront miséricorde. »*
(Matthieu 5:7)

LA PRIERE

## CHAPITRE 1
## PRIERES A DIEU

Je vais recenser dans cette section certaines prières traditionnelles connues. Sauf le « Notre Père », vous constaterez que le vouvoiement est utilisé. Sous chaque prière je mentionne le type dont il s'agit, ce qui vous aidera à les catégoriser selon vos besoins et envies. J'indique pour chacune d'elles, et pour celles-ci seulement, la version française et celle en latin.

*Saint Benoît priant Dieu*

## Notre Père (*Pater Noster*)

« Notre Père qui es aux Cieux,

Que ton nom soit sanctifié,

Que ton règne vienne,

Que ta volonté soit faite sur la Terre comme au Ciel,

Donne-nous aujourd'hui notre pain quotidien,

Pardonne-nous nos offenses comme nous pardonnons aussi à ceux qui nous ont offensés,

Ne nous soumets pas à la tentation, mais délivre-nous du mal.

C'est à toi qu'appartiennent pour les siècles des siècles le règne, la puissance et la gloire,

Amen. »

*Type de prière : adoration, confession, assistance.*

# LA PRIERE

## *Pater Noster*

*« Pater noster, qui es in caelis*

*sanctificetur nomen tuum*

*adveniat regnum tuum*

*fiat voluntas tua*

*sicut in caelo et in terra.*

*Panem nostrum quotidianum*

*da nobis hodie*

*et dimitte nobis debita nostra*

*sicut et nos dimittimus*

*debitoribus nostris*

*et ne nos inducas in tentationem*

*sed libera nos a malo.*

*Amen. »*

## Je crois en Dieu (*Credo*)

« Je crois en Dieu, le Père tout-puissant, créateur du ciel et de la terre ; et en Jésus-Christ, son Fils unique, notre Seigneur, qui a été conçu du Saint-Esprit,

est né de la Vierge Marie,

a souffert sous Ponce Pilate,

a été crucifié, est mort et a été enseveli, est descendu aux enfers, le troisième jour est ressuscité des morts,

est monté aux cieux, est assis à la droite de Dieu le Père tout-puissant, d'où il viendra juger les vivants et les morts.

Je crois en l'Esprit-Saint,

à la sainte Église catholique,

à la communion des saints,

à la rémission des péchés,

à la résurrection de la chair,

à la vie éternelle.

Amen. »

*Type de prière : adoration.*

# LA PRIERE

## *Credo*

« *Credo in Deum, Patrem omnipotentem, Creatorem caeli et terrae.*
*Et in Iesum Christum, Filium eius unicum, Dominum nostrum:*
*qui conceptus est de Spiritu Sancto, natus ex Maria Virgine,*
*passus sub Pontio Pilato, crucifixus, mortuus, et sepultus,*
*descendit ad inferos,*
*tertia die resurrexit a mortuis,*
*ascendit ad caelos, sedet ad dexteram Dei Patris omnipotentis,*
*inde venturus est iudicare vivos et mortuos.*

*Credo in Spiritum Sanctum,*
*sanctam Ecclesiam catholicam,*
*sanctorum communionem, remissionem peccatorum,*
*carnis resurrectionem,*
*vitam aeternam.*

*Amen.* »

LA PRIERE

## Je me confesse à Dieu (*Confiteor*)

« Je me confesse à dieu tout-puissant,

à la bienheureuse marie toujours vierge,

à Saint-Michel archange,

à Saint-Jean-Baptiste,

aux apôtres Saint-Pierre et Saint-Paul,

à tous les saints,

et à toi, mon père,

parce que j'ai beaucoup péché, par pensées, paroles, actions et omissions.

Oui, c'est ma faute, ma faute, ma très grande faute. C'est pourquoi je supplie la bienheureuse Marie toujours vierge, Saint-Michel archange,

Saint-Jean-Baptiste,

les apôtres Saint-Pierre et Saint-Paul,

et tous les saints,

de prier pour moi le seigneur notre Dieu.

Que Dieu tout puissant ait pitié de moi, qu'il m'accorde le pardon de mes fautes, la rémission de mes péchés et la vie éternelle.

Amen. »

*Type de prière : confession.*

# LA PRIERE

## *Confiteor*

*« Confiteor Deo omnipotenti*
*beatae Mariae semper Virgini*
*beato Michaeli Archangelo*
*beato Joannni Baptistae*
*sanctis apostolis Petro et Paulo*
*omnibus Sanctis*
*et tibi Pater*
*quia peccavi nimis cogitatione*
*verbo et opere*
*mea culpa, mea culpa, mea maxima culpa*
*Ideo precor beatam Mariam semper Virginem*
*beatum Michaelem Archangelum*
*beatum Joanem Baptistam*
*Sanctos apostolos Petrum et Paulum*
*omnes Sanctos et Te Pater*
*orare pro me ad Dominum Deum nostrum*
*Misereatur nostri omnipotens Deus*
*et dimissis peccatis nostris*
*perducat nos ad vitam aeternam*
*Amen. »*

## Gloria In Excelsis Deo

« Gloire à Dieu au plus haut des cieux, et paix sur la terre aux hommes de bonne volonté.

Nous vous louons,

Nous vous bénissons,

Nous vous adorons,

Nous vous glorifions,

Nous vous rendons grâces pour votre immense gloire. Seigneur Dieu, Roi du ciel,

Dieu le Père Tout-Puissant.

Seigneur Fils unique, Jésus Christ,

Seigneur Dieu, Agneau de Dieu, le Fils du Père.

Vous qui enlevez les péchés du monde, ayez pitié de nous.

Vous qui enlevez les péchés du monde, recevez notre prière.

Vous qui êtes assis à la droite du Père, ayez pitié de nous. Car vous seul êtes Saint, vous seul êtes Seigneur, vous seul êtes le Très-Haut,

Jésus-Christ, avec le Saint-Esprit et dans la gloire de Dieu le Père. Ainsi soit-il. »

*Type de prière : adoration.*

## LA PRIERE

*« Gloria in excelsis Deo*

*Et in terra pax hominibus bonae voluntatis*

*Laudamus Te*

*Benedicimus Te*

*Adoramus Te*

*Gorificamus Te*

*Gratias agimus tibi propter magnam gloriam tuam*

*Domine Deus Rex caelestis,*

*Deus Pater omnipotens*

*Domine Fili unigenite Jesu Christe*

*Domine Deus Agnus Dei Filius Patris*

*Qui tollis peccata mundi*

*Miserere nobis*

*Qui tollis peccata mundi*

*suscipe deprecationem nostram*

*Qui sedes ad dexteram Patris*

*Miserere nobis*

*Quoniam Tu solus Sanctus*

*Tu solus Dominus*

*Tu solus altissimus Jesu Christe*

*cum Sancto Spiritu in gloria Dei Patris*

*Amen. »*

LA PRIERE

## Gloire au Père

« Gloire au Père, au Fils et au Saint-Esprit, comme il était au commencement, maintenant et toujours dans les siècles des siècles ! Amen. »

*« Gloria Patri, et Filio, et Spiritui Sancto.*
*Sicut erat in principio,*
*et nunc et semper,*
*et in saecula saeculorum.*
*Amen. »*

*Type de prière : adoration.*

## CHAPITRE 2

# PRIERES A LA VIERGE MARIE

### Je vous salue Marie (*Ave Maria*)

« Je vous salue Marie, pleine de grâce ;
Le Seigneur est avec vous.
Vous êtes bénie entre toutes les femmes,
Et Jésus, le fruit de vos entrailles, est béni.
Sainte-Marie, mère de Dieu.
Priez pour nous, pauvres pécheurs.
Maintenant et à l'heure de notre mort.
Amen. »

« *Ave Maria, gratia plena,*

*Dominus tecum, Benedicta tu in mulieribus ;*

*Et benedictus fructus ventris tui, Jésus !*

*Sancta Maria, Mater Dei,*

*Ora pro nobis, peccatoribus,*

*Nunc, et in ora mortis nostræ.*

*Amen.* »

*Type de prière : adoration, assistance.*

# LA PRIERE

## Souvenez-vous (*Memorare*)

« Souvenez-vous, ô très miséricordieuse Vierge Marie, qu'on n'a jamais entendu dire qu'aucun de ceux qui ont eu recours à votre protection, imploré votre assistance ou réclamé vos suffrages, ait été abandonné. Animé de cette confiance, ô Vierge des vierges, ô ma Mère, je viens vers vous, et gémissant sous le poids de mes péchés, je me prosterne à vos pieds. Ô Mère du Verbe incarné, ne méprisez pas mes prières, mais écoutez-les favorablement et daignez les exaucer. Amen. »

« *Memorare, o piissima Virgo Maria*

*non esse auditum a sæculo,*

*quemquam ad tua currentem præsidia,*

*tua implorantem auxilia,*

*tua petentem suffragia, esse derelictum.*

*Ego tali animatus confidentia,*

*ad te, Virgo Virginum, Mater, curo,*

*ad te venio, coram te gemens peccator assisto.*

*Noli, Mater Verbi,*

*verba mea despicere ; sed audi propitia et exaudi. Amen.* »

*Type de prière : confession, assistance.*

# LA PRIERE

## Salve Regina

« Salut, ô Reine,

Mère de miséricorde, notre vie, notre douceur, notre espérance, salut !

Nous crions vers toi, enfants d'Ève exilés.

Vers toi nous soupirons, gémissant et pleurant dans cette vallée de larmes.

Ô toi, notre avocate, tourne vers nous ton regard miséricordieux.

Et, après cet exil montre-nous Jésus le fruit béni de tes entrailles.

Ô clémente, ô miséricordieuse, ô douce Vierge Marie. »


« *Salve, Regína, mater misericórdiae, vita, dulcédo et spes nostra, salve,*

*Ad te clamámus, éxules fílii Evae.*

*Ad te suspirámus, geméntes et flentes in hac lacrimárum valle.*

*Eia ergo, advocáta nostra, illos tuos misericórdes óculos ad nos convérte.*

*Et Jesum, benedíctum frucum ventris tui,*

*nobis post hoc exsílium osténde*

*O clemens, o pia, o dulcis Virgo María.* »


*Type de prière : adoration, assistance.*

« *Si Dieu est pour nous, qui sera contre nous ?* »

(Epître de Saint-Paul 8:31)

## CHAPITRE 3

# PRIERES AU CHRIST ET ESPRIT SAINT

## La prière de Jésus

Je ne pense pas que beaucoup d'entre vous connaissent cette prière du cœur qui est de pénitence et d'assistance. Et pour cause, elle provient de l'Église d'Orient, les Coptes ayant souvent recours à elle. On peut cependant en trouver trace – ou du moins l'esquisse de son origine - dans les Évangiles, spécifiquement Luc 18, au travers de cette parabole relatée par le Christ au sujet de la prière du Publicain :

« *Deux hommes montèrent au temple pour prier ; l'un était pharisien, et l'autre publicain. Le pharisien, debout, priait ainsi en lui-même : « Ô, Dieu, je te rends grâces de ce que je ne suis pas comme le reste des hommes, qui sont ravisseurs, injustes, adultères, ou même comme ce publicain ; je jeûne deux fois la semaine, je donne la dîme de tous mes revenus ». Le publicain, se tenant à distance, n'osait même pas lever les yeux au ciel ; mais il se frappait la poitrine, en disant : « Ô, Dieu, sois apaisé envers moi, qui suis un pécheur ». Je vous le dis, celui-ci descendit dans sa maison, justifié, plutôt que l'autre. Car quiconque s'élève sera abaissé, et celui qui s'abaisse sera élevé.* ».

Vous comprendrez le lien entre ce passage et la Prière de Jésus.

Plusieurs versions existent, avec de faibles variations : « *Seigneur Jésus-Christ, Fils de Dieu, aie pitié de moi, pauvre pécheur* », ou « *Jésus, Fils du*

*Dieu vivant, prends pitié de moi pécheur »*, ou « *Seigneur Jésus-Christ, Fils de Dieu, prends pitié de moi, pauvre pécheur* ».

Cette prière, très courte, est donc très simple. Vous n'avez pas besoin de visualiser le Christ quand vous la récitez. Tout ce que vous avez à faire est de ressentir – d'éprouver aurais-je envie de dire – chaque mot prononcé. Parce qu'elle est si brève, elle peut être dite n'importe où, par exemple chez vous ou en extérieur. Facile à utiliser, elle est en général récitée en boucle. Je la répète mentalement lorsque je fais mes courses, conduis, ou me promène une heure en forêt. Cette prière est très souple : vous l'utilisez quand vous le voulez, où que vous vous trouviez et autant que vous le souhaitez. Vous pouvez également l'utiliser à dates ou intervalles déterminés : tous les mardis pendant 20 minutes, chaque matin pendant quelques minutes à votre autel, ou tandis que vous prenez votre douche, etc.

Cette prière nous relie au Christ. Elle est aussi puissante en effets que simple à réciter. Elle crée un environnement énergétique, mental, émotionnel et spirituel particulier nous faisant éprouver l'amour et la présence du Christ. Elle peut être employée si vous sentez du stress ou une forte peine, et souhaitez du réconfort. Il y a quelques mois, j'avais un entretien déterminant pour la suite de ma vie. Avant que ce ne fût mon tour d'être appelé, je commençai à ressentir une tension m'envahir. Aussitôt, je me mis à réciter mentalement en boucle la prière de Jésus. Les effets ne se firent pas attendre et au bout de quelques minutes ma nervosité fit place à une grande sérénité et je pus passer cet entretien majeur en étant détendu.

Cette prière peut également être utilisée comme support pour vos méditations ; pour nourrir votre lien d'amour avec le Christ ; comme prière de confession/contrition ; à l'appui de vos prières d'assistance ; elle peut aussi être utilisée pour les autres si vous souhaitez prier pour autrui (vous remplacerez « moi » par le prénom et nom de la tierce personne). Mais elle peut encore, par sa puissance, contribuer à vous purifier ! En effet, la récitation de cette prière en boucle élève et assainit vos énergies, et vous aide à vous libérer de la négativité (que ce soit la vôtre ou celle d'autrui).

LA PRIERE

## Viens Esprit Saint (*Veni Creator*)

L'Esprit-Saint est un sujet à part entière, mais j'indique toutefois cette prière à la fois d'assistance et d'adoration. Cette prière peut être utilisée après avoir récité le « Notre Père » et avant de nous entretenir avec Dieu, ou en clôture après l'avoir prié.

Viens, Esprit-Saint,
et envoie du haut du ciel
un rayon de ta lumière.

Viens en nous, père des pauvres,
viens, dispensateur des dons,
viens, lumière de nos cœurs.

Consolateur souverain,
hôte très doux de nos âmes
adoucissante fraîcheur.

Dans le labeur, le repos,
dans la fièvre, la fraîcheur,
dans les pleurs, le réconfort.

O lumière bienheureuse,
viens remplir jusqu'à l'intime
le cœur de tous tes fidèles.

Sans ta puissance divine,
il n'est rien en aucun homme,
rien qui ne soit perverti.

## LA PRIERE

Lave ce qui est souillé,
baigne ce qui est aride,
guéris ce qui est blessé.

Assouplis ce qui est raide,
réchauffe ce qui est froid,
rends droit ce qui est faussé.

A tous ceux qui ont la foi
et qui en toi se confient
donne tes sept dons sacrés.

Donne mérite et vertu,
donne le salut final
donne la joie éternelle. »

*Type de prière : confession, assistance*

## LA PRIERE

« *Veni, Sancte Spiritus, et emitte caelitus lucis tuae radium.*

*Veni, pater pauperum, veni, dator munerum veni, lumen cordium.*

*Consolator optime, dulcis hospes animae, dulce refrigerium.*

*In labore requies, in aestu temperies in fletu solatium.*

*O lux beatissima, reple cordis intima tuorum fidelium.*

*Sine tuo numine, nihil est in homine, nihil est innoxium.*

*Lava quod est sordidum, riga quod est aridum, sana quod est saucium.*

*Flecte quod est rigidum, fove quod est frigidum, rege quod est devium.*

*Da tuis fidelibus, in te confidentibus, sacrum septenarium.*

*Da virtutis meritum, da salutis exitum, da perenne gaudium.*

*Amen.* »

« *Tu aimeras le Seigneur, ton Dieu, de tout ton cœur, de toute ton âme, et de toute ta pensée* »

(Matthieu 22:37)

# PARTIE IV

# LES PRIERES GENERALES

« *Je suis venu non pour juger le monde, mais pour sauver le monde.* »

(Jean 12:47)

# CHAPITRE 1

# LA PRIERE D'ADORATION

L'adoration constitue une part importante de la vie spirituelle du croyant. Par cette prière, nous exprimons à Dieu notre amour, et ce faisant, maintenons puissant le lien qui nous unit à lui. En échange, nous obtenons grâces, protection, aide et guidance. Contrairement à la prière d'assistance, la prière d'adoration est un acte gratuit : elle n'attend rien en retour, elle se contente d'être.

Je vous livre ici une prière d'adoration à Dieu le Père et Jésus Christ. Ce sont les seuls à l'égard desquels nous exprimons notre vénération. Puisque vous n'êtes pas un professionnel de la religion, vous n'avez pas d'obligations particulières concernant ces prières. Récitez-les à votre convenance. Il est bon cependant qu'elles soient dites régulièrement tout au long de l'année sans pour autant être sujettes à une règle ou discipline fixe.

### 1. Prière d'adoration à Dieu

Pour cette prière d'adoration, nous allons nous inspirer de certains écrits de référence tels les Psaumes.

1. Après votre toilette ou vous être lavé les mains, rendez-vous à votre autel spirituel si vous en avez un, ou sinon dans un endroit confortable de votre habitation ;

2. Récitez le « Notre Père » en ouverture (*page 92*) ;

3. Récitez ensuite cette prière :

« Mon Dieu, moi [*indiquez votre prénom et nom*], me présente humblement devant toi en ce jour, car je souhaite t'exprimer mon profond amour.

Je ne suis pas parfait Seigneur, je m'écarte parfois de tes voies, j'essaie de faire au mieux de mes capacités dans cette vallée de larmes. Mais mes sentiments pour toi sont impérissables. Les mots sont vains pour te témoigner mon adoration, mais je sais que tu peux lire dans mon cœur, je sais que tu peux voir dans mon âme. Et tu sais que mon amour pour toi est sincère, tu sais que ma foi en toi est réelle et profonde.

Tu es grand Éternel ! Nul n'est au-dessus de toi, et il n'y a pas d'autre Dieu que toi ! Éternel, tu es mon Dieu, je proclame ta grandeur, je célèbre ton nom, car oui Père, tu accomplis des merveilles !

Que mon corps, mon cœur, mon esprit et mon âme bénissent l'Éternel, que tout ce qui est en moi bénisse son saint nom ! Que chaque jour de ma vie acclame l'Éternel, car le Seigneur est bon et sa bonté dure éternellement. Que ma bouche soit quotidiennement remplie de tes louanges, que chaque jour elle dise ta beauté ! Qu'à chaque instant de ma vie j'honore tes lois, que je sois un digne conduit de ta lumière, et te rende fier, moi [*votre prénom et nom*], ton enfant.

A toi, ô, mon Dieu, est la grandeur, la puissance, la splendeur, l'éternité et la gloire, car tout ce qui est dans le ciel et sur la terre t'appartiennent. A toi, ô Seigneur, reviennent les Cieux et toute la création. A toi, Père, le pouvoir, l'autorité et la splendeur !

Béni sois-tu, ô mon Dieu, Père de notre Seigneur Jésus-Christ, Père plein de compassion, et Dieu de toute consolation ! Tu nous consoles dans toutes nos détresses afin que nous puissions réconforter à notre tour ceux qui se trouvent dans la souffrance. Tu nourris nos êtres, tu nous emplis de ta grâce, tu nous prodigues ta protection, tu nous donnes notre pain quotidien. Tu es bon Seigneur, et je rends hommage à ta miséricorde.

Pour ces raisons, je chante avec allégresse ton nom, je pousse des cris de joie vers toi qui es le rocher de mon salut. Car tu es le Dieu unique, le Dieu suprême, le Dieu tout puissant !

Tu tiens dans ta main les profondeurs de la terre, et les sommets des montagnes sont à toi. La mer est à toi, c'est toi qui l'as faite ; la terre aussi, tes mains l'ont formée.

Tes œuvres sont grandes, elles ne sont que splendeur et magnificence, et ta justice subsiste à jamais.

Je me prosterne devant toi, mon Dieu, mon Père, mon Créateur ! Tu es mon Seigneur, tu es mon souverain bien. Je bénis l'Éternel !

Tu es mon partage et mon calice, c'est toi qui m'assures mon lot. Avec toi à mes côtés je n'ai plus peur. Je ne redoute plus l'orage ni la foudre. Je ne crains plus la froideur de la nuit. Je n'appréhende plus l'ennemi tapi dans l'ombre. Je ne crains plus le mal.

Car je t'ai constamment sous les yeux. Lorsque tu es à ma droite, je ne chancelle pas. Mon cœur est dans l'allégresse, mon esprit dans la joie, et mon corps repose en sécurité. Tu me feras connaître le sentier de la vie ; il y a d'abondantes joies devant ta face.

Je te bénirai donc toute ma vie, j'élèverai les mains en ton nom, avec des cris de bonheur sur mes lèvres ma bouche te célèbrera. Tu es mon secours et je suis dans l'allégresse à l'ombre de ta lumière, mon âme est attachée à toi, ta droite me soutient.

Je t'aime ô mon Père, Dieu tout puissant, et je te rends hommage en ce jour et t'exprime tout mon amour, ma reconnaissance et mon respect !

Gloire au Père, au Fils et au Saint-Esprit, comme il était au commencement, maintenant et toujours dans les siècles des siècles !

Amen. »

4. Récitez le « Gloria In Excelsis Deo » (*page 98*).

*Vous pouvez allumer une bougie verticale blanche*

.

## 2. La prière d'adoration au Christ

Il est important pour le croyant d'exprimer son adoration au Christ, qui s'est sacrifié pour nous et nous conserve tout son amour. Là encore, il n'est pas de règle particulière en termes de fréquence d'utilisation de cette prière. Dites-la lorsque vous le souhaitez durant l'année.

1. Après votre toilette ou vous être lavé les mains, rendez-vous à votre autel spirituel si vous en avez un, ou dans un endroit confortable de votre habitation ;
2. Commencez par le « Notre Père » en ouverture (*page 92*) ;
3. Procédez ensuite en récitant cette prière :

« Seigneur Jésus Christ, je tiens en ce jour à t'exprimer tout mon amour et toute ma vénération.

Tu es le Chemin, la Vérité et la Vie, tu es le berger qui guide nos pas, tu es le Cœur Sacré qui panse nos plaies, tu es la lumière qui guérit nos corps, nos esprits et nos âmes, tu es le protecteur de nos vies.

Tu es Dieu fait homme et tu nous as montré la voie. Tes enseignements nourrissent mon être.

Qui serais-je sans toi ?

Comment saurais-je aimer sans toi ?

Comment saurais-je pardonner sans toi ?

Comment saurais-je où aller sans toi ?

Comment saurais-je être charitable sans toi ? Comment saurais-je être humble sans toi ?

Comment saurais-je résister aux épreuves sans toi ? Comment saurais-je surmonter mes chagrins sans toi ?

Comment saurais-je faire face aux difficultés de cette vie sans toi ?

# LA PRIERE

Comment saurais-je ne point céder à la peur sans toi ?

Comment saurais-je résister à la tentation sans toi ?

Comment pourrais-je prendre les meilleures décisions sans toi ?

Comment pourrais-je satisfaire l'Éternel sans toi ?

Comment pourrais-je faire de ma vie un écho de ta parole sans tes enseignements ?

Comment pourrais-je me rapprocher de Dieu sans toi ?

Comment pourrais-je obtenir la grâce, la vie, le salut éternel et la résurrection sans toi ?

Comment pourrais-je ne plus être prisonnier de ce monde et de ses leurres sans toi ?

Où trouverais-je le repos sans toi ?

Où pourrais-je m'abreuver sans toi ?

Où pourrais-je nourrir mon être tout entier sans toi ?

Où trouverais-je protection sans toi ?

Où trouverais-je mon refuge sans toi ?

Où trouverais-je la paix et l'harmonie sans toi ?

Où trouverais-je la force sans toi ?

Je ne le pourrais pas, ô Jésus. Car tu es tout pour moi : tu es mon maître, mon sauveur, mon Seigneur, mon berger. Tu es ma raison d'être, ma raison de vivre, ma raison de quitter ce monde. Sans toi je ne suis rien et ma vie n'a aucune valeur, elle ne trouve sa joie qu'en ta présence, qu'en ton doux et consolant amour.

Ô Jésus, mon doux Jésus, par cette prière je t'offre tout de moi : mon corps, mon cœur, mon esprit et mon âme. Fais de moi ce qui te plaira, car je t'appartiens maintenant, demain et pour les siècles des siècles.

Je t'aime, ô Christ !

Gloire à toi, Seigneur Jésus, gloire au Père !

Amen ».

*Vous pouvez terminer en allumant une bougie verticale blanche.*

*Statue du Christ dans un jardin*

## CHAPITRE 2

# LA PRIERE DE GRATITUDE

La prière de gratitude est fondamentale. Elle est un acte gratuit et désintéressé qui nous permet de manifester à Dieu notre reconnaissance pour sa présence et ses bienfaits. Elle peut être spécifique ou générale :

*La gratitude spécifique* est effectuée après avoir obtenu une grâce à la suite d'une requête exprimée par une prière d'assistance ;

*La gratitude générale* remercie Dieu pour notre existence et ce dont nous disposons, indépendamment de toute demande précise. C'est de celle-ci dont nous parlerons ici.

Le croyant intégrera ces deux catégories de gratitude dans sa vie. Là encore, pas de règle particulière : récitez-la lorsque vous le souhaitez, mais régulièrement durant l'année.

### 1. L'importance de la gratitude

De la même manière que nous sommes sensibles à ceux qui nous manifestent leur reconnaissance pour une aide que nous leur avons apportée, Dieu apprécie que nous lui témoignions notre gratitude. Il est écrit dans 1 Thessaloniciens 5:18 : « *Remerciez Dieu en toute circonstance : telle est pour vous la volonté que Dieu a exprimée en Jésus-Christ.* ». Nous trouvons ce concept de gratitude dans de nombreux psaumes. Pour n'en citer que quelques-uns :

« *Célébrez l'Éternel, car il est bon, car son amour dure à toujours.* » (Psaume 136:1) ;

« *Je te loue, ô Éternel, car tu m'as tiré du gouffre.* » (Psaume 30:1) ;

Dans 2Timothée3 je rappelle qu'il est indiqué au sujet des hommes mauvais : « *Ils seront ingrats […].* ».

Il est important d'exprimer notre gratitude à Dieu, quels que soient les moments de notre vie. Elle n'est pas conditionnée à une période favorable ou à un événement heureux. Elle est un mode de vie qui consiste à être reconnaissant envers Dieu à tout moment et en toute chose. Respirer est une gratitude, voir le monde en couleur est une gratitude, pouvoir admirer la nature est une gratitude. La reconnaissance prodigue plusieurs bienfaits :

## Elle nous permet de nourrir notre relation à Dieu

Notre foi en Dieu se traduit par les différentes formes de prières que nous pratiquons à intervalles réguliers (adoration, confession, assistance), conjuguées au respect dans notre vie des Lois divines. Mais l'expression de notre foi serait incomplète sans la gratitude. Par cette dernière, nous admettons l'existence de Dieu et sa puissance, sa primauté, et sa capacité à pouvoir positivement agir sur nos vies du fait de l'amour qu'il éprouve pour nous. Nous lui manifestons également notre reconnaissance pour ce que nous sommes et ce dont nous disposons grâce à lui.

## Elle nous préserve des forces du mal

Si vous décidez de ne vous concentrer au cours d'une journée que sur la couleur rouge, vous serez surpris du nombre de voitures rouges, feux rouges, panneaux rouges, sacs rouges, chaussures rouges, habits rouges tout au long de votre journée. Vous vivrez cette journée « en rouge » parce que vous aurez choisi de ne mettre votre attention que sur cette couleur. De même, si vous ne vous concentrez que sur ce qui ne va pas, ce qui a « échoué », ce que nous n'avons pas, n'avons plus ou aurions dû avoir, notre quotidien nous semblera empli de ces négativités.

En pratiquant la gratitude chaque jour nous élevons notre esprit à ce qui est positif dans notre vie, même si tout n'est pas parfait. Nous choisissons de mettre notre attention sur tout ce que nous avons plutôt que sur ce que nous n'avons pas, et rendons grâce à Dieu pour ces choses. Ce faisant, nous évitons de créer continuellement des couches d'énergies négatives qui forment ou renforcent nos blocages, nous accroissons nos vibrations et demeurons ouverts à recueillir les bénédictions de Dieu.

## 2. A quelle fréquence manifester cette gratitude ?

*La gratitude spécifique s'effectue après avoir obtenu une grâce.* Nous avons sollicité Dieu pour une aide particulière et l'avons acquise. Une fois l'obtention de cette grâce, nous exprimons notre reconnaissance, idéalement le jour où vous l'avez reçue ou le lendemain au plus tard.

*La gratitude générale se pratique quotidiennement,* avant de commencer votre journée. Il est juste de remercier Dieu chaque matin pour tout ce qu'il nous apporte. Cela nous met en de bonnes dispositions spirituelles et nous donne l'occasion de débuter notre journée positivement. Vous pouvez aussi manifester votre gratitude en soirée avant d'aller vous coucher.

## 3. Gratitude générale et gratitude spécifique

La prière de gratitude générale conjugue plusieurs éléments selon qu'elle soit effectuée le matin ou le soir.

Lorsqu'elle est effectuée le matin, elle se combine avec une prière d'assistance. Quand elle est accomplie le soir avant le coucher, elle se double d'une prière de confession. La raison est assez logique : le matin nous témoignons à la fois notre gratitude à Dieu, et profitons de l'instant pour requérir son aide durant ce nouveau jour qui commence ; le soir nous remercions Dieu pour la journée écoulée, et faisons amende honorable pour tout ce que nous avons pu exprimer (en paroles, pensées, actions, ou omissions) et qui contrevient aux Lois divines. J'aime que ma spiritualité soit simple et efficace, aussi je conjugue pour le matin et le soir ces deux prières en une.

La prière de confession générale du soir n'exige pas que vous ayez quoi que ce soit de grave à vous reprocher. C'est un postulat qu'en tout état de cause vous avez été imparfait durant la journée et demandez grâce. Je pratique cette prière avant d'aller me coucher, m'agenouille devant Dieu, et lui demande son pardon pour toutes les imperfections qui ont été les miennes lors de la journée écoulée. Cette prière du soir est capitale car elle maintient en permanence le lien, l'amour, le respect et l'humilité face à Dieu, de même que ma volonté quotidiennement affichée de m'améliorer. Cette prière de confession n'a pas besoin d'être longue, seulement d'être sincère.

Je livre ici une prière à Dieu et une autre au Christ. Vous pouvez utiliser celle à Dieu le matin et le soir, ou réciter celles envers le Christ, ou alterner. En ce qui me concerne, j'ai l'habitude de toujours réciter la prière de gratitude/confession du soir à Dieu le Père. Mais libre à vous de réciter les deux chaque matin et soir, ou d'alterner un matin ou soir la prière à Dieu et un autre matin et soir au Christ. Cela ne fera pas de différence, puisque souvenons-nous des paroles du Christ : « *Le Fils se trouve dans le Père et le Père dans le fils* » (Jean 10:30).

### 4. La prière de gratitude générale à Dieu

#### A. Le matin

1. Le matin, après votre toilette, recueillez-vous à votre autel si vous en avez un, ou allez dans un endroit tranquille de votre habitation. Assis ou agenouillé, rassemblez les paumes de vos mains de la manière traditionnelle suivante :

2. Récitez le « Notre Père » en ouverture (*page 92*) ;

3. Récitez cette prière :

« Ô Dieu tout-puissant.

[*Gratitude*] – En ce nouveau jour, je te salue et te remercie pour tout ce que tu fais pour moi. Merci de m'accorder de vivre cette journée. Merci de me permettre d'avoir la santé, un toit pour dormir, à manger, une compagne, une famille, des amis, un travail, de l'argent.

Merci pour toutes les autres grâces dont tu me fais bénéficier et dont je ne me rends pas toujours compte.

Je t'aime, ô Père tout puissant, et je tiens à t'exprimer en ce jour tout mon amour et toute ma reconnaissance pour tout ce que tu fais pour moi.

[*Assistance*] – Aussi, ô mon Dieu, inspire-moi durant cette nouvelle journée afin que je la vive en accord avec tes Lois. Assiste-moi, inspire-moi, guide-moi selon ta volonté. Permets-moi de vivre les rencontres et expériences que tu souhaites que je connaisse. Je place cette journée entre tes mains, conduis-la selon ta volonté. Et protège-moi des forces du mal.

Gloire au Père, au Fils et au Saint-Esprit, comme il était au commencement, maintenant et toujours dans les siècles des siècles ! Amen ».

*Si vous le souhaitez, vous pouvez allumer une bougie chauffe-plats en remerciement.*

Vous le voyez, la prière quotidienne de gratitude n'a pas besoin d'être longue. Ce qui compte n'est pas sa durée, mais que vous pensiez à prier Dieu pour vous connecter à lui et le remercier en début de chaque journée. Vous pouvez adapter cette prière selon votre situation : ainsi, si vous êtes célibataire, vous n'allez pas faire état d'un compagnon ou d'une compagne ; si vous êtes en recherche d'emploi vous n'allez pas mentionner le travail, mais vous pouvez exprimer votre reconnaissance à Dieu de vous assister dans cette recherche ; si votre santé est fragile, je vous invite à malgré tout utiliser cette phrase ci-dessus qui vous permettra de jouir bien plus fortement des énergies divines. Vous effectuerez cette prière à votre autel si vous en avez un, ou sous la douche, ou dans un lieu calme de votre habitation qui vous convient.

### B. Le soir

Cette prière de gratitude générale est très importante en cela que nous avons commencé notre journée avec Dieu, nous l'achevons avec Dieu.

1. Avant d'aller vous coucher, faites votre toilette du soir ou au minimum lavez-vous les mains. Rendez-vous à votre autel spirituel ou dans un lieu calme à votre domicile ;

2. Récitez le « Notre Père » (*page 92*) ;

3. Puis terminez par cette courte prière de gratitude :

« Ô Dieu tout puissant,

[*Gratitude*] – Je me présente humblement vers toi ce soir afin de te remercier de m'avoir accordé cette journée de vie et d'avoir été à mes côtés.

Merci pour tout ce que tu m'as apporté aujourd'hui, pour les personnes rencontrées, les opportunités, situations, leçons et expériences qui se sont présentées à moi, peu important qu'elles aient été faciles ou non.

Merci pour ta présence, pour ta protection, pour ton amour.

[*Confession*] – Aussi, ô mon Dieu, pardonne-moi pour mes imperfections de ce jour. Je ne suis qu'un être humain Père et je m'égare parfois, je ne t'écoute pas suffisamment, je fais des choix qui de temps à autre ne respectent pas tes commandements, je le reconnais.

Je souhaite devenir meilleur et conduire chaque jour de ma vie à l'aune de ta lumière et de tes Lois afin que tu sois davantage fier de moi.

S'il te plait, ô Dieu tout puissant, au nom de ton fils Jésus Christ accorde-moi ton pardon et la rémission de mes péchés de ce jour.

Conserve-moi ton amour et ta présence, et inspire-moi durant cette nuit afin que je vive les prochaines journées davantage en accord avec ta volonté.

Gloire au Père, au Fils et au Saint-Esprit, comme il était au commencement, maintenant et toujours dans les siècles des siècles ! Amen ».

*Si vous le souhaitez, vous pouvez allumer une bougie chauffe-plats en remerciement.*


Ici encore, la prière de gratitude du soir n'a pas à être longue. Vous pouvez adapter cette prière pour souligner dans la partie gratitude certains faits importants qui se sont déroulés durant la journée (une victoire, un gain, une promotion, une bonne nouvelle, une belle rencontre, un bel échange avec un inconnu, un ami ou un membre de la famille, ou un partenaire amoureux ou professionnel, la fin d'un souci, le dénouement d'une situation difficile, etc.). Même si vous avez vécu des événements difficiles, remerciez Dieu pour cette journée, et pour les possibles leçons issues de ces expériences pénibles.

La confession générale est parfaite pour nos imperfections quotidiennes. Si en revanche vous estimez que vous avez de manière significative enfreint les Lois divines du fait d'un événement particulier, vous opterez alors pour une prière de confession spécifique (*voir page 138*).

## 5. La prière de gratitude générale au Christ

### A. Le matin

Comme pour Dieu, la prière de gratitude générale au Christ comprend une partie gratitude et une partie assistance.

1. Après votre toilette, allez à votre autel ou dans un lieu tranquille de votre habitation ;

2. Récitez le « Notre Père » (*page 92*) ;

3. Appelez brièvement le Christ par une courte formule du type : « Seigneur Jésus Christ, je t'appelle, car je souhaite te parler, s'il te plait viens à moi » ;

4. Remerciez le Christ par cette prière :

« Ô Jésus Christ, mon doux Jésus, mon Seigneur, mon Dieu, mon maître, mon sauveur, mon berger.

[*Gratitude*] – En ce nouveau jour, je tiens à te remercier pour ta présence à mes côtés.

Je te remercie pour le pardon que tu m'accordes chaque jour de ma vie.

Je te remercie de me garder parmi ton troupeau.

Je te remercie pour la lumière de ta rayonnante robe dont tu me fais bénéficier.

Je te remercie de la protection que tu m'accordes.

Je te remercie des inspirations que tu chuchotes à mon oreille.

Je te remercie de t'être sacrifié pour nous, d'avoir souffert pour nos péchés sur la croix, et de nous conserver ton amour malgré nos ingratitudes.

Je te remercie de tout ce que tu es et de tout ce que tu fais pour moi.

Merci d'être dans ma vie et surtout de me permettre de faire partie de la tienne.

[*Assistance*] – Assiste-moi durant cette nouvelle journée, tiens-toi à mes côtés, guide-moi, inspire-moi ô Christ ! Préserve-moi du mal et aide-moi à demeurer dans l'amour et la bienveillance en toute circonstance. Je place cette journée entre tes mains, conduis-la selon ta volonté.

Je t'aime, ô mon Jésus !

Gloire à toi, Seigneur Jésus, gloire au Père !

Amen ».

*Si vous le souhaitez, vous pouvez allumer une bougie chauffe-plats en remerciement.*

### B. Le soir

1. Après votre toilette ou vous être lavé les mains, allez à votre autel ou dans un lieu tranquille de votre habitation ;

2. Récitez le « Notre Père » (*page 92*) ;

3. Appelez brièvement le Christ par une courte formule du type : « Seigneur Jésus Christ je t'appelle, car je tiens à te parler, s'il te plait viens à moi » ;

4. Remerciez le Christ par cette prière :

« Ô Jésus Christ, mon doux Jésus.

[*Gratitude*] – Je te remercie de m'avoir accompagné durant cette journée, de m'avoir offert toutes ces expériences qui sont riches pour mon âme. Merci ô Christ de m'avoir également accordé ta sagesse, ta force, ta lumière, merci de m'avoir guidé, protégé et inspiré. [*Vous pouvez mentionner des moments de la journée pour lesquels vous êtes reconnaissant, tout ce qui a pu être plaisant que ce soit d'ordre social, professionnel, familial, financier, sentimental. Vous pouvez mentionner les dangers évités, les tentations vaincues, les bonnes décisions prises là où vous auriez pu vous perdre en prenant de mauvaises, etc. Même si vous avez vécu des événements difficiles, remerciez-le pour cette journée, et pour les possibles leçons issues de ces expériences pénibles.*].

[*Confession*] Je n'ai pas ta sagesse infinie Seigneur Jésus, je n'ai pas ta force infinie, ton courage infini, ta patience infinie, ta tolérance infinie, ton amour infini. Je ne suis qu'un être humain et je suis par nature pécheur. Mais je souhaite m'améliorer, j'aspire à devenir meilleur. Je désire que ma vie soit le reflet des Lois de Dieu telles que tu nous les as enseignées. Aide-moi à mieux les respecter ! Aussi, pardonne-moi Jésus, prends pitié de moi, accorde-moi, je t'en prie, la rémission de mes fautes de ce jour commises en paroles, pensées, actions et omissions.

Je t'aime, ô Christ ! Gloire à toi, Seigneur Jésus, gloire au Père !

Amen !

*Si vous le souhaitez, vous pouvez allumer une bougie chauffe-plats en remerciement.*

# PARTIE V

# PRIERES SPECIFIQUES

« *Je suis la résurrection et la vie. Celui qui croit en moi vivra, quand même il serait mort ; et quiconque vit et croit en moi ne mourra jamais.* »

(Jean 11:25-26)

## CHAPITRE 1

# LA PRIERE DE GRATITUDE

Il est temps dans ce chapitre de vous présenter la prière de gratitude spécifique auprès de Dieu, du Christ et de la Vierge Marie, après avoir obtenu une grâce en réponse à votre demande.

### 1. Prière de gratitude à Dieu

Vous avez prié Dieu pour une grâce et l'avez reçue. Vous décidez de le remercier, idéalement le jour d'obtention de la grâce ou au plus tard le lendemain. Je vous invite à procéder comme suit :

1. Faites votre toilette ou au minimum lavez-vous les mains. Allez à votre autel ou dans un lieu tranquille de votre habitation ;

2. Récitez le « Notre Père » en ouverture (*page 92*) ;

3. Remerciez Dieu par la prière suivante :

« Ô Dieu tout puissant,

Je me suis adressé à toi parce que j'étais dans le besoin [*résumez quelle fut votre requête*].

J'ai crié vers toi et tu m'as entendu. Tu as répondu à ma détresse, tu as répondu à l'appel de mon cœur et de mon âme [*indiquez de quelle manière l'aide de Dieu s'est manifestée*].

Ô Seigneur, mon Dieu, je te rends grâce en ce jour pour ta bonté. Je te remercie pour ton amour, pour ta présence à mes côtés : que serait ma vie sans toi ?

Aujourd'hui je suis dans la joie, et cette joie c'est à toi que je la dois. Je te rends grâce ô mon père, Dieu tout puissant, de m'avoir accordé ta grâce, et je te suis du fond de mon âme reconnaissant de tout ce que tu fais pour moi.

Puis-je en plus de ces remerciements t'honorer chaque jour par ma conduite afin que tu sois fier de moi. Mon âme bénit le Seigneur !

Gloire au Père, au Fils et au Saint-Esprit, comme il était au commencement, maintenant et toujours dans les siècles des siècles !

Amen ».

4. Récitez le Gloria In Excelsis Deo (*page 98*).

[*Vous pouvez manifester votre gratitude à Dieu en lui offrant une bougie verticale. En ce cas, procédez par une phrase courte de gratitude, du genre*] : « Afin de t'exprimer toute ma gratitude, Seigneur, je t'offre cette lumière ».

## 2. Prière de gratitude au Christ

Après votre toilette ou vous être lavé les mains, allez à votre autel ou dans un lieu tranquille de votre habitation ;

1. Récitez le « Notre Père » en ouverture (*page 92*) ;

2. Appelez brièvement le Christ par une courte formule du type : « Seigneur Jésus Christ je t'appelle, car je tiens à te parler, s'il te plait viens à moi ».

3. Remerciez le Christ par la prière suivante :

« Ô Seigneur Jésus Christ, mon doux Jésus,

Je viens à toi aujourd'hui pour te témoigner ma gratitude pour la situation que je t'ai exposée [*résumez quelle fut votre requête*]. Et tu m'as répondu [*indiquez de quelle manière l'aide du Christ s'est exprimée*] ! J'étais perdu, et tu ne m'as pas laissé désœuvré, tu m'as manifesté ton amour, ton assistance et ta présence.

Que serais-je sans toi, ô Christ ? Où irai-je sans toi, ô Christ ? Que deviendrais-je sans toi, ô Christ ?

Je t'aime mon Jésus, du fond du cœur, du plus profond de mon âme, et je loue ton nom pour tout ce que tu fais pour moi. Merci, Seigneur Jésus Christ, merci d'être à mes côtés, merci d'entendre mes cris, merci de prendre ainsi soin de moi. ».

[*Vous pouvez manifester votre gratitude au Christ en lui offrant une bougie. En ce cas, procédez par une phrase courte de gratitude, du genre*] : « Afin de t'exprimer toute ma gratitude, Seigneur Jésus, je t'offre cette lumière ». Puis allumez une bougie verticale blanche que vous laisserez brûler intégralement.

*Homme exprimant sa gratitude au Christ*

## 3. Prière de gratitude à la Vierge Marie

A réciter à la suite d'une grâce obtenue de la Vierge Marie.

1. Après votre toilette ou vous être lavé les mains, allez à votre autel ou dans un lieu tranquille de votre habitation ;

2. Récitez le « Notre Père » en ouverture (*page 92*) ;

3. Appelez brièvement la Sainte Vierge Marie : « Sainte-Vierge Marie je t'appelle, car je tiens à te parler, s'il te plait viens à moi » ;

4. Récitez le « Je vous salue Marie » (*page 101*) ;

5. Remerciez la Vierge Marie :

« Ma très chère Sainte Vierge Marie,

En ce jour béni, je viens humblement à toi afin de te remercier pour l'aide que tu m'as apportée. Je suis venu à toi, car j'étais en souffrance [*rappeler succinctement quel était votre souci*], et je t'ai demandé de m'aider dans cette situation. Et tu l'as fait ! Tu as entendu ma détresse [*expliquez l'assistance reçue*] !

Ô très chère Sainte Vierge Marie, ma divine Mère, c'est merveilleux ! Que ferions-nous tous ici-bas sans toi ? Je te suis tellement redevable d'avoir pu jouir de ton intervention et ainsi de ton amour ! J'ai conscience de la bénédiction que représente ton soutien, et en ce jour je tiens à te manifester ma reconnaissance et tout mon amour.

Aussi, accepte ces prières en témoignage de ma gratitude et de mon amour pour toi, ainsi que cette lumière [*si vous désirez offrir une bougie en gage de votre remerciement*]. Merci ô Sainte Vierge Marie ! Amen ». [*Allumez une bougie verticale blanche que vous laisserez brûler*]

6. Terminez par trois « Je vous salue Marie » (*page 101*) et un « Salve Regina » (*page 103*).

## 4. Annexe : prière de gratitude à un ange ou un saint

Les anges et les saints sont des messagers de Dieu et intercèdent pour nous auprès de lui. Toutes les informations délivrées en première partie de ce livre concernant la prière s'appliquent à eux également si vous les priez. De la même manière, la prière de gratitude reprendra ici les différentes étapes lors de celle adressée à Dieu. J'ai souhaité vous présenter ici un modèle basique de remerciement auprès des anges ou des saints en attendant de futurs ouvrages qui leur seront consacrés.

La première chose est ici encore de ne pas tarder dans la manifestation de votre gratitude. Ne laissez pas les contingences de ce monde la retarder. L'ange ou le saint (et donc ultimement Dieu) ont pris du temps pour vous écouter et pour vous assister. Il est donc naturel en retour de ne point trop patienter. Idéalement, vous souhaitez adresser vos remerciements le jour où votre requête se réalise ; au plus tard, le lendemain.

Comme envers Dieu, le Christ ou la Vierge Marie, vous veillerez à avoir un corps propre en témoignage de votre respect. Aussi, prenez un bain ou une douche avant la prière, ou au minimum lavez-vous les mains. Vous vous rendrez ensuite à votre autel spirituel, ou dans un lieu calme de votre habitation et commencerez par réciter le « Notre Père » (*page 92*).

Le reste de la prière observera le protocole simple suivant :

- Appelez l'ange ou le saint par son nom en utilisant une formule courte. Par exemple : « Sainte-Thérèse, s'il te plait, viens à moi, car je souhaite m'entretenir avec toi » ;

- Rappeler la situation à cause de laquelle vous avez sollicité l'aide de l'ange ou du saint ;

- Indiquez l'aide reçue : date d'intervention, de quelle manière elle a pris forme ;

- Remerciez du fond du cœur l'ange ou le saint pour son action et intercession auprès de Dieu ;

- Terminez en offrant une bougie blanche verticale en témoignage de votre gratitude.

## Exemple d'une gratitude à Sainte-Thérèse :

« Ma très chère Sainte-Thérèse, moi [*votre prénom et nom*] me présente à toi en ce jour afin de t'exprimer toute ma reconnaissance pour l'assistance que tu m'as apportée. Je me suis adressé à toi [*il y a x jours, semaines ou mois*], car j'étais alors en souffrance. Ma situation était alors compliquée [*rappelez la situation, le souci et le trouble que vous avez éprouvé du fait de cette situation*], et c'est alors que je me suis tourné vers toi afin de solliciter ton aide, et par ton intercession, l'aide de Dieu.

Sainte Thérèse, c'est merveilleux, tu as répondu au cri de mon cœur ! [*Expliquez comment au travers du soutien reçu la situation a évolué positivement ou s'est résolue*].

Aussi, en ce jour béni je reviens vers toi, ô Sainte Thérèse, afin de t'exprimer toute ma reconnaissance pour ta douce et consolante présence à mes côtés. Merci d'avoir pris en considération ma demande, et d'avoir permis au miracle de se manifester en intercédant pour moi auprès de Dieu !

Tant de miracles se produisent quotidiennement du fait de ton amour pour nous, Sainte Thérèse, et c'est sans surprise que Dieu t'a choisi pour être sa servante sur Terre et notre médiatrice auprès de lui dans les Cieux.

Ô Sainte Thérèse, en témoignage de ma joie et de ma gratitude auprès de toi pour ce que tu as accompli pour moi, je t'offre cette lumière. [*Allumez une bougie blanche verticale*].

Merci Sainte-Thérèse ! Et gloire au Père, gloire au Seigneur, amen ! ».

## CHAPITRE 2

## LA PRIERE DE CONFESSION

La confession est un acte important destiné à reconnaître envers Dieu notre nature faillible. Un geste d'humilité où nous admettons notre imperfection face à la perfection de Dieu. Nous avouons, par cette prière, que nous pouvons au cours de notre vie nous éloigner des Lois divines. Ayons à l'esprit les passages suivants :

« *Si nous confessons nos péchés, il est fidèle et juste pour nous les pardonner, et pour nous purifier de toute iniquité.* » (1 Jean 1:9) ;

« *Je t'ai fait connaître mon péché, je n'ai pas caché mon iniquité ; j'ai dit : j'avouerai mes transgressions à l'Éternel ! Et tu as effacé la peine de mon péché.* » (Psaume 32:5) ;

L'imperfection humaine est consubstantielle au libre arbitre qui nous a été conféré par Dieu, et qui nous conduit parfois à prendre des décisions qui s'écartent de ses Lois. Si Dieu n'attend pas de nous la perfection et ne nous juge jamais, il attend de nous que nous soyons responsables, prenions actes de nos imperfections, et fassions amende honorable le cas échéant.

La prière de confession ne s'arrête pas là. Elle requiert du croyant, par sa contrition, non seulement de prendre acte de ses fautes, mais aussi de tirer leçon de ces dernières afin qu'elles ne se reproduisent plus. La véritable demande de pardon sous-entend la volonté de s'améliorer pour de ne plus réitéré le ou les comportements qui ont violé les Lois divines.

Nous ne nous confessons qu'à Dieu le Père et Jésus Christ. Ce sont les seuls auxquels nous exprimons notre humilité et repentance car ce sont les seuls que nous devons vénérer. Il n'y a pas de confession envers les anges ou les saints.

LA PRIERE

## 1. La prière de confession spécifique à Dieu

Je vais prendre un cas fictif où j'aurais commis une action dont je souhaite obtenir le pardon de Dieu. Que cet exemple vous serve d'inspiration pour vos propres demandes de repentance.

J'ai eu une altercation avec un proche (membre de ma famille ou ami). Le contexte importe peu. Durant la discussion j'ai eu des mots extrêmement violents envers cet individu, au point qu'il s'en est retrouvé profondément blessé. Le temps passant, et récupérant mon calme, je commence à éprouver du regret. Je me remémore la scène, je me revois crier, hurler sur la personne, l'insulter peut-être, et lui dire toutes ces choses horribles. La culpabilité me gagne.

Après votre toilette ou vous être lavé les mains, allez à votre autel ou dans un lieu tranquille de votre habitation ;

1. Récitez le « Notre Père » en ouverture (*page 92*) ;

2. Récitez le « Confiteor » (*page 96*) ;

3. Vous pouvez vous inspirer de la prière suivante. Plus que les mots, ce qui importe est la structure de la prière que vous pourrez aménager selon votre cas :

« Ô mon Dieu,

C'est avec honte que je m'adresse à toi en ce jour. J'ai péché. Je n'ai pas respecté tes Lois. [*Expliquez la situation, par exemple dans notre cas*] : Lors d'un diner en famille j'ai eu une altercation avec mon père. Nous parlions de [*détailler*] et je n'ai pas apprécié le point de vue qu'il a émis. Plutôt que de rester calme je me suis emporté. Les mots ont dépassé ma pensée et je lui ai fait beaucoup de mal. Je lui ai dit [*détailler*]. Je regrette mon comportement car agissant ainsi je n'ai pas respecté tes commandements.

[*Puis, exprimez votre repentance avec cœur et sincérité*] : Je m'en veux, Père tout puissant, je m'en veux tellement. J'ai si honte d'avoir agi de la sorte. Je m'en veux de ne pas avoir suivi tes Lois et l'enseignement de ton fils Jésus Christ. Je ne me suis pas comporté comme un conduit de ta lumière, mais ai laissé les énergies du mal prendre le contrôle de mes émotions. Je sais que ceci est indigne de toi.

[*Exprimez votre résolution pour l'avenir*] : J'ai conscience, Seigneur, que j'ai tendance à m'emporter, à laisser le ressentiment me submerger. Je réalise que je ne fais pas toujours bon usage de ma parole. Je ne désire plus être ainsi, Père, je ne veux plus être cette personne colérique qui ne se maîtrise pas, qui est en proie à la rage et à la rancune. Je souhaite faire un meilleur emploi de ma parole et l'utiliser uniquement pour faire le bien. Je souhaite que plus jamais je ne sois de la sorte victime des forces du mal. Je ne veux qu'être guidé par tes Lois et tes Commandements.

[*Enfin, exprimez votre demande de pardon*] : Je me repens sincèrement, ô mon Dieu. Je te supplie, au nom de ton fils Jésus Christ, de bien vouloir me pardonner. Accorde-moi la repentance que je sollicite de toute l'ardeur de mon cœur, de toute la ferveur de mon âme. Mais également, inspire-moi afin que je puisse devenir meilleur. Que plus jamais je ne perde ainsi mes moyens, et ne heurte avec ma parole une autre âme sur Terre, »

Merci, mon Dieu !

Gloire au Père, au Fils et au Saint-Esprit, comme il était au commencement, maintenant et toujours dans les siècles des siècles !

Amen ».

4. Récitez trois « Notre Père » (*page 92*).


*Vous pouvez allumer une bougie verticale blanche en témoignage de votre amour pour Dieu, et de votre souhait de vous améliorer.*

## 2. Prière de confession spécifique au Christ

Nous allons imaginer que nous souhaitons nous repentir pour la même situation, mais cette fois envers le Christ.

1. Après votre toilette ou vous être lavé les mains, allez à votre autel ou dans un lieu tranquille de votre habitation ;

2. Récitez le « Notre Père » en ouverture (*page 92*) ;

3. Appelez brièvement le Christ par une courte formule du type : « Seigneur Jésus Christ je t'appelle, car je tiens à te parler, s'il te plait viens à moi ».

4. Récitez le « Confiteor » (*page 96*) ;

5. Récitez la prière suivante :

« Seigneur Jésus Christ,

C'est avec honte que je m'adresse à toi ce jour. J'ai péché. Je n'ai pas respecté tes enseignements ni les Lois du Père.

[*Expliquez la situation, par exemple dans notre cas*] : Lors d'un diner en famille j'ai eu une altercation avec mon père. Nous parlions de [*détailler*], et je n'ai pas apprécié le point de vue qu'il a émis. Plutôt que de rester calme, je me suis emporté. Les mots ont dépassé ma pensée et je lui ai fait beaucoup de mal. Je lui ai dit [*détailler*], et j'ai honte de ces mots. Tu nous as enseigné que ce qui souillait un homme est ce qui sort de sa bouche et ce qui est sorti de la mienne n'était qu'injure, violence, jugement et blâme.

[*Puis exprimez votre repentir avec cœur et sincérité*] : Je m'en veux, Seigneur Jésus, je m'en veux tellement. J'ai si honte de m'être ainsi écarté de tes paroles. Je n'ai pas répandu de l'amour, mais de la haine. Je n'ai pas répondu à l'agressivité par la sagesse et l'amour, mais par violence et la colère. Je sais que mon comportement est indigne, et je m'en repens sincèrement, ô Christ. Je te supplie de me pardonner. Accorde-moi la repentance que je te supplie de m'octroyer de toute l'ardeur de mon cœur.

## LA PRIERE

*[Exprimez votre résolution pour l'avenir]* : J'ai conscience, Seigneur Jésus, que j'ai tendance à m'emporter, à laisser l'indignation me submerger. Que je ne fais pas toujours bon emploi de ma parole. Je ne veux plus être ainsi Jésus, cette personne colérique qui ne se maîtrise pas. Je souhaite faire un meilleur usage de ma parole et l'utiliser uniquement pour faire le bien. Je veux que plus jamais je ne sois de la sorte victime des forces du mal qui cherchent à créer la division et le conflit dans ce monde, et ne veux être guidé que par ta lumière et ton amour inconditionnel.

*[Enfin, exprimez votre demande de pardon]* : Seigneur Jésus Christ, je t'en supplie, accorde-moi ton pardon, mais également assiste-moi afin que je puisse devenir meilleur. Que plus jamais je ne perde ainsi mes moyens et heurte avec ma parole une autre âme sur Terre.

*[C'est le parfait moment de réciter la Prière du Christ en boucle pendant quelques instants]* : « Jésus Christ, fils de Dieu, prends pitié de moi, pauvre pécheur ! »

*[Terminez avec la formule de fin de prière par exemple]* :

Merci Seigneur Jésus, gloire à toi, gloire au Père ! Amen ».

*Vous pouvez allumer une bougie verticale blanche en témoignage de votre amour pour le Christ, et qui illustre votre choix de davantage être dans la lumière à l'avenir.*

*« N'aie pas peur, crois seulement »*

(Marc 5 36)

## CHAPITRE 3

# LA PRIERE D'ASSISTANCE

### 1. Considérations générales

La prière d'assistance est probablement celle à laquelle beaucoup pensent en premier lieu. En un sens, cela est dommage car elle est bien plus qu'une requête. Elle est un outil pour inviter Dieu dans notre vie.

Cependant, soumettre nos demandes à Dieu est non seulement possible, mais recommandé. De la même manière qu'un enfant a besoin de ses parents, nous nécessitons la présence et l'aide de Dieu. Nous priver de son soutien est de nature à rendre notre existence sur Terre plus difficile. Dieu ne nous a pas « jeté » dans ce monde pour nous ignorer ensuite et nous laisser nous débrouiller sans assistance : il est toujours près de nous, il sait tout de nous, et est toujours disposé à manifester son amour chaque fois que nous faisons appel à lui. Rappelons ces quelques passages attestant du rôle de secours de Dieu :

Le Christ dans Matthieu 7:7 : « *Demandez, et l'on vous donnera ; cherchez, et vous trouverez ; frappez, et l'on vous ouvrira. Car quiconque demande reçoit, celui qui cherche trouve, et l'on ouvre à celui qui frappe.* » ;

« *En vérité, en vérité, je vous le dis, ce que vous demanderez au Père, il vous le donnera en mon nom. Jusqu'à présent vous n'avez rien demandé en mon nom. Demandez, et vous recevrez, afin que votre joie soit parfaite.* » (Jean 16:23-24) ;

« *C'est donc avec assurance que nous pouvons dire : Le Seigneur est mon aide, je ne craindrai rien [...]* » (Hébreux 13:6) ;

« *Tu es mon secours, ne me laisse pas, ne m'abandonne pas, Dieu de mon salut !* » (Psaume 27:9).

Conservez à l'esprit que si solliciter le concours de Dieu est permis, cela ne doit représenter qu'une partie de votre relation avec lui. Le lien qui nous unit à Dieu n'est pas intéressé. La prière ne doit aboutir à une spiritualité qui tendrait à considérer le Père comme un domestique à notre disposition.

Toutes les prières d'assistance qui suivent obéissent au même protocole :

1. Après votre toilette ou vous être lavé les mains, allez à votre autel ou dans un lieu tranquille de votre habitation ;
2. Récitez le « Notre Père » en ouverture (*page 92*) ;
3. Appelez l'énergie divine avec laquelle vous désirez vous entretenir ;

Une formule comme : « Seigneur Jésus Christ, je t'en prie, viens à moi je souhaite te parler » ou « Sainte Vierge Marie s'il te plait réponds à mon appel, j'ai besoin de toi », ou « Ô Dieu tout puissant, écoute ma voix, car je souhaite te parler ».

Un appel court et clair où :

1. Vous nommez l'énergie divine que vous sollicitez ;
2. Vous demandez à cette énergie de venir à vous ;
3. Vous demeurez quelques secondes en silence avant de poursuivre ci-dessous.

Le déroulé de la prière ensuite est aussi simple que logique :

1. Exposez votre situation, la problématique, le souci qui vous accable ;
2. Exposez votre requête en des termes clairs ;
3. Remerciez en allumant une bougie verticale que vous laisserez brûler intégralement. Si pour une raison quelconque vous ne pouvez allumer de bougie, remerciez juste sincèrement de votre cœur pour la future aide apportée.

Je vous livre ci-après des prières d'assistance pour divers types de situations. Vous pouvez les réciter tel qu'elles sont rédigées. Mais surtout, que ces modèles vous servent pour créer les vôtres. Plus vous utiliserez les prières de ce livre, plus vous vous familiariserez avec certains mots, certaines tournures de phrases. Et avec le protocole que vous connaissez désormais, vous serez en mesure de réciter vos propres prières.

J'ai noté que concernant la prière d'assistance, il est courant de penser que nous devons les renouveler régulièrement. Ainsi, il n'est pas rare qu'une personne qui sollicite l'aide divine pour trouver un emploi prie tous les jours pour cela, ou tout du moins plusieurs fois par semaine. Je me dois de préciser qu'agir de la sorte est contre-productif. Nous devons opérer une distinction :

- En ce qui concerne les prières d'adoration, de confession, ou de gratitude : vous pouvez prier aussi souvent que vous le souhaitez (tous les jours, plusieurs fois par jour, etc.) ;
- S'agissant de la prière d'assistance : une seule fois par requête.

Ne pensez pas qu'en priant de manière répétée une prière d'assistance elle aura plus de pouvoir. Au contraire. Comme j'aime à leur dire : « *Dieu n'a pas Alzheimer !* ». Il est inutile de lui rappeler une demande qui lui a été faite, vous avez été entendu. A l'inverse, par la répétition :

- Vous manifestez votre absence de foi et doutez que lorsque vous priez vous soyez entendu, et que nonobstant les limitations parfois présentes (*voir pages 61 et suivantes*), Dieu nous réponde d'une manière ou d'une autre ;

- Vous montrez un manque de lâcher-prise, nécessaire pour tout succès d'une prière d'assistance.

Du fait de ce manque de lâcher-prise, vous produisez des énergies de peur et d'angoisse qui vont elles-mêmes générer des blocages supplémentaires à la résolution de la situation. Aussi soucieux puis-je être, prier Dieu me procure un bien-être, car *je sais que Dieu m'a entendu et qu'il me répondra*. Ce positionnement qui doit être le vôtre est non négociable. Faites confiance, lâchez prise : vous vous êtes exprimé à Dieu, ne doutez pas que votre prière a été soumise, de votre lien avec le Père, ni de sa présence. Je vous rappelle ces mots du Christ : « *N'aie pas peur, crois seulement* » (Marc 5:36).

Je vous soumets cependant une petite astuce, mais que celle-ci ne vous incite pas à en user avec abus et replonger dans les travers d'absence de lâcher prise et de manque de foi : nul ne vous empêche de prier différentes forces divines pour une même demande. Ainsi, si un membre de votre famille tombe malade, vous pouvez prier le Christ, la Vierge Marie, Dieu, Saint-Raphaël, Sainte-Thérèse pour sa guérison, *mais vous ne les prierez individuellement qu'une fois* ;

Autre astuce : vous pouvez conserver le lien avec l'énergie divine par la suite, mais vous ne réitèrerez pas votre requête. Ainsi, si je prie Marie pour que la grossesse de ma compagne se déroule sans souci pour elle et le bébé, je fais une demande. Les semaines qui suivent, je peux appeler Marie (après la toilette et avoir récité le « Notre Père » en ouverture), et me contenter de lui offrir une petite bougie chauffe-plats avec une formule du type : « En ce nouveau jour chère Vierge Marie, je te rends grâce et t'offre cette lumière pour te remercier de l'aide que tu nous offres concernant la grossesse de ma femme ». Vous ne refaites pas une demande, mais vous conservez le lien pour remercier la Vierge Marie de son assistance.

## 2. Les deux éléments d'une prière d'assistance

Il est deux éléments capitaux qui optimisent vos prières d'assistance.

### A. L'intérêt supérieur

Définition et importance

Toutes nos actions sont dictées par notre intérêt, lui-même connecté à un désir. Nous achetons une maison (action), car nous l'aimons (désir), et ainsi souhaitons avoir un meilleur confort de vie ou un meilleur environnement (intérêt). Nous voulons enrichir notre vie sentimentale d'un partenaire (désir) parce que nous aspirons à être aimés ou ne pas être seuls (intérêt), et ainsi de suite.

Il n'est rien de pendable à conduire notre vie au regard d'intérêts. Nous sommes des créatures de chair et de sang, dotés d'émotions. Il est indispensable cependant que ces intérêts soient légitimes et en accord avec les Lois divines, ce qui est loin d'être toujours le cas.

L'intérêt supérieur est celui qui est en accord avec la volonté de Dieu. Dieu a un plan pour nous, il sait ce qui est bon, et si nous conduisons notre vie à l'égard de cet intérêt supérieur directement issu de sa volonté, alors nous vivons une meilleure vie, épargnée de nombreux troubles, soucis et douleurs. Effectuer nos prières d'assistance au regard de notre intérêt supérieur est une preuve de foi envers Dieu, puisque nous manifestons que sa volonté est celle qui doit primer et est la meilleure pour nous. Nous effaçons notre égo pour laisser la volonté de Dieu prévaloir. Comprenez bien la chose suivante et relisez ceci autant de fois que nécessaire : « *La prière d'assistance consiste à solliciter auprès de Dieu qu'il intervienne au regard d'une situation de notre vie afin que sa volonté soit faite* ». Pas notre volonté : celle de Dieu. Nous ne prions pas dans le cadre d'une prière de requête afin que notre volonté soit promue, mais la sienne. Si vous saisissez ce concept alors vos prières d'assistance recueilleront de bien meilleurs résultats. Trop de croyants ignorent cette règle et passent leurs vies à prier en se demandant pourquoi certaines d'entre elles – voire la plupart – n'obtiennent pas de réponse favorable de Dieu.

## Intégrer l'intérêt supérieur à vos prières

Comment intégrer ce qui vient d'être dit à vos prières ? C'est très simple : il vous suffit d'exprimer votre demande et l'intervention de Dieu si celle-ci est conforme à votre intérêt supérieur. Ce n'est pas plus compliqué ! Mais la chose ne s'arrête pas là. Vous ajoutez que si ce que vous sollicitez à Dieu n'est pas conforme à cet intérêt, alors qu'il réponde à votre requête d'une manière qui répondra à cet intérêt. J'ai conscience que ceci peut être un peu confus pour certains d'entre vous, aussi je m'en vais prendre un exemple : je suis sans emploi, et ai enfin trouvé une annonce qui m'intéresse. Je suis retenu pour passer l'entretien d'embauche. La plupart du temps, le croyant prie Dieu en lui demandant de lui accorder ce travail. « S'il te plait Seigneur, fais que ma candidature soit celle qui est retenue et que j'obtienne cet emploi ». Votre requête repose sur une vision qui manque de clarté. Vous ne savez pas si vous serez heureux dans cette activité, vous ignorez pour l'heure qui seront vos collègues, comment se comportera votre patron, si vous aurez des possibilités d'évolution réelles, etc. Tout ce que vous voyez est que vous êtes au chômage et avez besoin d'un travail, aussi vous vous précipitez sur cette opportunité et priez pour qu'elle se concrétise. Bien que compréhensible, ceci n'est pas la bonne attitude. Ce qui vous sera plus bénéfique est au contraire de prier Dieu en ces termes : « Dieu tout puissant, je viens de passer cet entretien d'embauche afin d'obtenir un travail. S'il te plait, ô mon Dieu, si cet emploi est celui qui me correspond et est conforme à mon intérêt supérieur, alors permets-moi de l'obtenir ». Vous ajouterez : « Si en revanche, ô mon Dieu, cet emploi n'est pas conforme à mon intérêt supérieur, alors je t'en prie, guide mes pas vers celui qui le sera ».

Dans la première situation, vous demandez aveuglément à acquérir une chose, ignorant si cette dernière est positive pour vous. Parce que Dieu nous aime, respecte notre libre arbitre, et comme qu'il y a une leçon en tout chose, peut-être ne s'opposera-t-il pas à votre requête, mais sans assurance que cette expérience soit satisfaisante pour vous. Si en revanche, vous priez Dieu pour l'obtention de cet emploi en soumettant votre demande conditionnée à votre intérêt supérieur (et donc à la volonté de Dieu), alors :

- Dieu estime que cet emploi n'est pas conforme à votre intérêt supérieur et vous en préservera. Non vous n'aurez pas ce poste, mais ce sera une bonne chose pour vous. Et du fait que vous avez requis d'être guidé vers l'emploi conforme, il vous permettra de le trouver ;

- Dieu considère que cet emploi est conforme à votre intérêt supérieur et interviendra afin que malgré la multitude des candidats, votre profil soit celui retenu par l'employeur.

Dans les deux cas ci-dessus, c'est du « gagnant/gagnant ». Cette technique est extrêmement puissante à la condition que vous compreniez et acceptiez qu'en procédant de cette manière des portes se fermeront. Mais ces portes ne sont pas celles qui vous étaient bénéfiques, et Dieu se chargera de vous mettre face à celles qui méritent d'être ouvertes. Je ne répèterai jamais assez qu'afin d'optimiser notre vie sur Terre, nous devons faire plus de place à Dieu et à sa volonté. Nous conservons notre libre arbitre, mais en donnant plus d'espace à Dieu pour intervenir, nous améliorons notre vie.

### B. Remettre entre les mains de Dieu

Cette technique est très puissante lorsque vous vous retrouvez confus et ne savez quel choix faire. Malgré avoir réfléchi à la situation, vous ne voyez aucune solution, et vous trouvez dans l'incapacité de prendre la moindre décision. Je me suis déjà retrouvé dans de telles circonstances, et à chaque fois j'ai prié Dieu le Père ou le Fils de la manière que je m'en vais préciser. Lorsque vous ne savez plus comment gérer une situation, qu'elle devient trop compliquée et confuse pour vous : *placez-la entre les mains de Dieu, et demandez-lui de la gérer pour vous.* Dieu est présent pour nous et n'attend pas de nous la perfection, il sait que parfois nous serons égarés. Et dans ces cas, Dieu est toujours présent.

Je vais vous relater ce témoignage. Une de mes clientes, retraitée, s'adresse à moi, perdue, car elle est ruinée. Elle loue un petit appartement dans une grande métropole et se retrouve en défaut de règlement du loyer sur plusieurs mois (elle n'a jamais cherché à ne pas s'acquitter de sa dette, mais des événements de la vie ont rendu les choses compliquée, sa cause est donc juste). La situation a pris une tournure grave au point qu'elle est menacée d'expulsion. N'ayant pas les moyens de payer les loyers en retard, un huissier est mandaté pour venir à son domicile le lendemain matin.

Après l'avoir écoutée, je lui recommande de prier le Christ (elle était très chrétienne et disposait d'une belle image du Christ) en expliquant la situation et en lui exprimant son désespoir. Je l'invite à s'adresser à Jésus de la manière suivante : « Seigneur Jésus, je t'en prie, j'ai besoin d'un miracle. Je ne sais plus quoi faire, je vais être expulsée, l'huissier vient demain matin. Je n'ai pu éviter cette situation malgré mes efforts. J'ai foi en toi Seigneur Jésus, *aussi je mets cette situation entre tes mains*. Je t'en prie, *gère-la pour moi,* car je n'ai plus de force et je suis perdue. Par pitié, Seigneur Jésus, sauve-moi ».

Le lendemain, l'huissier se présente à son domicile en préalable à une saisie de ses biens. Attendri par la situation de ma cliente, il décide finalement de lui octroyer un délai supplémentaire conséquent. En parallèle, et par l'aide d'une communauté religieuse de l'église qu'elle fréquente, un échéancier de paiement est organisé (sans qu'ils lui demandent de les rembourser) afin que le créancier reçoive le règlement de son dû. Ce dernier accepte l'échelonnement de sa dette. Cette femme a ainsi pu rester dans son appartement, et une fois sa situation régularisée elle a rejoint sa fille avec laquelle elle vit désormais.

Des exemples comme celui-ci, je pourrai en écrire un livre. Dieu ne nous abandonne jamais lorsque nous avons une juste cause et remettons entre ses mains une situation qui nous semble trop compliquée ou lourde à gérer. Là encore, en procédant de la sorte, nous lui donnons l'autorisation d'intervenir pour nous et devons ensuite lâcher prise, confiant que Dieu est aux commandes si je puis dire, et ceci peu importe les apparences du moment.

\*\*\*

Les prières d'assistance qui suivent vous serviront pour diverses situations. J'ai fait au mieux pour que ces prières ne soient pas interminables. Je n'ai pas cherché à être lyrique ou à vous surcharger de mots et de pages. Comme vous le savez désormais, une prière n'a pas à être longue ou complexe pour être efficace : elle a juste à être précise et sincère. L'objectif de ces prières est d'aller à l'essentiel, d'être pratiques (à tous les sens du terme), et de ne pas se perdre en longueur. Elles observeront toutes le même canevas : appel, explication de la situation, requête, remerciement. Vous pouvez les réciter de chez vous ou dans une église.

Ces prières sont livrées à Dieu, au Christ et à la Vierge Marie. Avec eux à vos côtés, vous avez tout ce dont vous avez besoin. Si vous avez un lien particulier avec un saint spécifique, sentez-vous libre d'utiliser l'enseignement de cet ouvrage, et pourquoi pas les prières qui suivent, pour vous en inspirer. Ce livre a pour objet non pas de vous enfermer dans une pratique, mais de vous donner des outils pour que vous deveniez autonome.

J'aimerais ajouter qu'il est important que nous « osions » faire des demandes à Dieu. Bien qu'il soit omniscient, il respecte notre libre arbitre. Aussi, si nous ne demandons rien, nous ne pourrons pleinement jouir de son intervention. C'est la raison pour laquelle Jésus demande au paralytique, avant de le soigner, s'il souhaite être guéri : « *Là se trouvait un homme malade depuis trente-huit ans. Jésus, l'ayant vu couché, et sachant qu'il était malade depuis longtemps, lui dit : Veux-tu être guéri ?* » (Jean 5:1)

Dans Luc 5:12, lorsque le lépreux se met à genoux et supplie Jésus de le guérir, il exprime également son libre arbitre en sollicitant l'aide du Christ : « *Un autre jour, alors qu'il se trouvait dans une ville, survint un homme couvert de lèpre. En voyant Jésus, il se prosterna devant lui, face contre terre, et lui adressa cette prière : Seigneur, si tu le veux, tu peux me rendre pur. Jésus tendit la main et le toucha en disant : Je le veux, sois pur.* »

N'hésitez donc pas à vous adresser à Dieu chaque fois que vous êtes dans le besoin. En utilisant votre libre arbitre par l'expression de votre demande, vous lui donnez autorisation d'intervenir pour vous assister.

## 3. Prières d'assistance à Dieu

Pour poursuivre ce qui vient d'être dit en page précédente, j'ai observé autour de moi que tandis que les personnes croient en Dieu, ils n'osent pas lui parler. Dieu leur semble trop éloigné de leurs petits soucis, trop occupé avec les affaires divines, ou encore ils se sentent indigne et craignent de le déranger.

Ne soyez pas timides ! Dieu aime que ses enfants s'adressent à lui. Et il répond ! Peut-être n'entendrez-vous pas sa voix dans votre tête, mais il se manifestera de bien des manières. Il pourra le faire en rêves, ou vous ouvrir de nouvelles portes jusqu'alors closes. Il pourra vous bénir et vous prodiguer chance et protection. Il pourra agir sur votre corps, cœur et esprit afin de vous permettre de jouir d'un plus grand bien-être.

Dieu est soucieux de nos besoins, quels qu'ils soient, sous réserve qu'ils respectent les Lois divines. Aussi, vous pouvez tout demander à Dieu, car rien ne lui est impossible, et sa lumière pénètre tout. Si vous êtes perdu dans votre vie, vous pouvez lui demander de « prendre les commandes » et alors il vous guidera au mieux de vos intérêts. Si vous êtes confus quant à un choix à faire, il vous inspirera ou mettra sous vos yeux des signes clairs vous indiquant la voie à suivre. Si vous avez le sentiment d'être dans l'obscurité, il vous enverra un rayon de lumière pour vous montrer le chemin et vous redonner de l'espoir. Dieu est un père formidable, et vous ne le dérangerez jamais lorsque vous vous adresserez à lui.

Pour chaque prière de cette section, pensez à remercier Dieu par la prière de gratitude spécifique (*page 131*) lorsque vous constatez une amélioration.

# LA PRIERE

## En cas de désespoir

1. Après votre toilette ou vous être lavé les mains, allez à votre autel ou dans un lieu tranquille de votre habitation ;

2. Récitez le « Notre Père » (*page 92*) ;

3. Récitez la prière suivante :

« Dieu tout puissant, Créateur de toutes choses, mon Père,

C'est du fond de l'obscurité dans laquelle je suis que je me présente devant ta lumière. Puisse mon cri parvenir jusqu'à toi ! Les forces m'abandonnent Père, la joie se dissipe, la confiance disparait. Je suis aux prises avec les problèmes de la vie et le fardeau devient trop lourd pour mes frêles épaules. Les portes se ferment devant moi, les pierres s'accumulent sous mes pas, les troubles de toutes sortes se dressent sur mon chemin. Mon cœur est blessé, mon esprit est tourmenté, et je me sens m'enfoncer chaque jour dans la tristesse et le désespoir.

Dieu de mon salut, Père tout puissant, je m'adresse à toi en ce jour, au nom de ton fils Jésus Christ, afin de solliciter ton aide dans les situations difficiles que je traverse. J'ai besoin de ta présence, ô mon Dieu, car seul je n'y arriverai pas, j'ignore combien de temps encore je pourrai tenir. Prends pitié de mes imperfections, Seigneur. Accorde-moi ton pardon pour toutes les fois où je n'ai pas respecté tes Lois, pour toutes mes noirceurs et ingratitudes. Car oui Père, j'ai violé à de multiples reprises tes Lois et tes Commandements.

Tout comme le capitaine d'un navire le mène à bon port malgré les tempêtes, guide-moi en dépit de toutes ces épreuves. Montre-moi la voie et le chemin afin que je puisse sortir enfin de la tourmente dans laquelle je suis. Prends ma vie, ô mon Dieu, je la mets entre tes mains, dirige-la selon ta volonté. Car comme il est écrit : « *Que ta volonté soit faite sur la Terre comme au Ciel* ». Fais de moi ce qu'il te plaira, Père tout-puissant, car en toi je place ma vie, ma foi, mon espérance et tout ce que je suis.

Au nom de ton fils Jésus Christ, envoie s'il te plait ton Esprit-Saint en moi afin de me redonner la force de combattre. Qu'il forme tout autour de moi un bouclier de lumière qui me préserve des énergies du mal qui cherchent à m'anéantir. Que le feu sacré de ton Esprit-Saint consume tous les liens malfaisants qui me maintiennent enchaîné à la souffrance. Que la lumière de ton Esprit-Saint dissolve ces chaînes qui me retiennent prisonnier. Que la puissance de ton Esprit-Saint brûle tout ce qui bloque mon harmonieuse évolution. Que ton Esprit-Saint me guide, m'ouvre de nouvelles opportunités, situations, rencontres qui me permettront d'être sauvé. Que ton Esprit-Saint détruise de mon cœur et de mon esprit tout ce qui n'est pas divin.

Libère-moi Père, montre-moi la voie, guide mes pas, oriente mon regard et mes pensées, accorde-moi ton amour, ta présence, ton soutien et ta lumière. J'ai foi en toi, Père. Je sais qu'avec toi à mes côtés je n'ai plus rien à craindre. Je sais qu'avec toi à mes côtés le jour succèdera à la nuit, je sais qu'avec toi à mes côtés la victoire et le bonheur remplaceront l'échec et la souffrance. J'accepte de me laisser guider par toi, car tu es mon Dieu, mon bouclier, mon espoir, ma lumière, mon salut, mon Père éternel.

Gloire au Père, au Fils et au Saint-Esprit, comme il était au commencement, maintenant et toujours dans les siècles des siècles !

Amen ! ».

4. Récitez le « Viens Esprit-Saint » (*page 107*) ;
5. Vous pouvez si vous le souhaitez offrir une bougie blanche verticale avec une formule du type : « afin de te remercier, ô mon Dieu, pour ton écoute et ton aide, je t'offre cette lumière en témoignage de ma reconnaissance et de mon amour ».

# LA PRIERE

## Contre ses ennemis

1. Après votre toilette ou vous être lavé les mains, allez à votre autel ou dans un lieu tranquille de votre habitation ;
2. Récitez le « Notre Père » (*page 92*) ;
3. Récitez la prière suivante :

« Ô mon Père, Dieu tout puissant, je m'adresse à toi en ce jour afin de bénéficier de ton assistance et de ton secours envers ceux qui méditent de mauvais plans dans leur cœur à mon égard. [*Expliquez la situation, et mentionnez la ou les personnes qui vous souhaitent du mal ou vous causent déjà du tort*].

Ces individus [*ou cette personne si une seule*] ne disposent pas d'une juste cause, et dès lors contreviennent à tes commandements en s'en prenant ainsi à moi [*expliquez les mauvaises actions de ces personnes à votre encontre, en quoi cela vous nuit, en quoi ils n'ont pas de juste cause et vous êtes réelle victime d'un tort*]. Je ne cherche pas la guerre, je ne rends pas le mal pour le mal, je désire simplement la paix et la possibilité de poursuivre ma vie à l'abri de ces attaques et de leurs nuisances. Et je sais que tu es là pour me protéger.

Aussi, je sollicite, ô mon Dieu, et au nom de ton fils Jésus Christ, l'aide de ton Esprit-Saint pour me défendre de leurs paroles et actions malveillantes.

Que ton Saint-Esprit descende dès maintenant en moi et forme chaque jour tout autour de moi un bouclier de lumière invincible et infranchissable qu'aucun de mes adversaires ne puisse pénétrer. Que par la puissance de ton Esprit-Saint mes ennemis soient dénués de toute capacité à me faire du mal. Que le feu de ton Esprit-Saint brûle et réduise en cendre leurs plans, tentatives et actions pour me nuire dans ma personne, mes biens, ma réputation, mon travail, ma vie.

Que ta lumière révèle au grand jour leur vraie nature, que leurs plans, tentatives et actions machiavéliques soient exposés publiquement, que la vérité triomphe et qu'ils récoltent le fruit de leur méchanceté. Que leurs mauvaises pensées, paroles et actions contre moi se retournent contre eux et qu'ils tombent dans la fosse qu'ils ont eux-mêmes creusée.

Fais-moi justice, ô mon Dieu, défends ma cause ! Lève-toi contre mes ennemis pour me secourir, et ne leur permets pas de se réjouir de leur perfidie. Donne-moi également le courage et la force nécessaires dans la situation présente, et accorde-moi la victoire et le triomphe sur mes adversaires.

Tu es bon Éternel, et je ne crains rien à l'abri de ta lumière. Car tu combats ceux qui me font la guerre sans juste cause. Tu es mon salut, ma forteresse, mon sauveur, mon Père que j'aime et que j'adore.

Merci Seigneur pour ton aide, ton secours, et ta protection.

Je t'aime, Éternel !

Gloire au Père, au Fils et au Saint-Esprit, comme il était au commencement, maintenant et toujours dans les siècles des siècles !

Amen ».

4. Récitez le « Viens Esprit-Saint » (*page 107*) ;
5. Vous pouvez si vous le souhaitez offrir une bougie blanche verticale avec une formule du type : « afin de te remercier, ô mon Dieu, pour ton écoute et ton aide, je t'offre cette lumière en témoignage de ma reconnaissance et de mon amour ».

# LA PRIERE

## Pour être guidé et inspiré en toute chose

Parce que cette prière n'est pas une demande spécifique mais une demande générale de bonne tenue, vous pouvez la réciter à intervalles réguliers. Par exemple, en début de chaque nouvelle semaine ou mois afin de continuer à alimenter le flot d'énergie divine pour les choses sollicitée dans cette prière.

1. Après votre toilette ou vous être lavé les mains, allez à votre autel ou dans un lieu tranquille de votre habitation ;

2. Récitez le « Notre Père » (*page 92*) ;

3. Récitez la prière suivante :

« Ô mon Dieu, je me présente humblement devant toi afin de solliciter, au nom de ton fils Jésus Christ, ton inspiration et ta lumière pour cette nouvelle journée et chaque jour de ma vie.

Je souhaite être durant cette existence un conduit de ta divine lumière, un outil de ta paix, le médiateur de ton amour. Que ton Esprit-Saint emplisse mon être tout entier afin que je sois guidé et inspiré en toute chose.

Inspire-moi, afin que chaque jour de ma vie je respecte tes Lois et tes Commandements tels que tu les as édictés, ainsi que par l'enseignement de ton fils Jésus Christ, mort par amour pour nous sur la croix pour la rémission de nos péchés.

Octroie-moi la connaissance et la vérité, afin que je puisse déceler le vrai du faux, le bien du mal, le juste de l'inique, et que jamais je ne pratique l'art du mensonge. Accorde-moi la sagesse de sorte que chacune de mes paroles ou de mes actions soit en accord avec tes Lois.

Aide-moi à ne pas répondre au mal par le mal, mais à conserver un cœur pur, dénué de colère et d'amertume envers moi-même ou mon prochain.

Illumine mon esprit, afin qu'aucune pensée parasite issue des forces du mal ne vienne occulter mon jugement.

Inspire en moi le goût de la paix, de la miséricorde, du pardon, de l'empathie, de la compassion, de la générosité, et qui est la manière pour moi d'exprimer ta divine présence en prenant soin de mes frères et sœurs humains.

Conserve en moi l'espoir indéfectible, afin qu'en toute circonstance je puisse continuer à percevoir ta lumière et l'espoir d'un lendemain meilleur.

Accorde-moi ta force, afin qu'aucune pierre ne puisse m'empêcher d'avancer, aucun obstacle ne me freine sur le sentier, qu'aucun fardeau ne soit trop lourd pour mes épaules.

Inspire-moi la joie, afin que la tristesse ne pas soit ma conseillère et que chaque personne sur mon chemin soit déchargée de son chagrin.

Aide-moi à cultiver chaque jour le goût de la prière ainsi que la foi, afin que je sois chaque seconde qui passe plus proche de toi.

Illumine-moi chaque jour de ma vie, afin que je porte l'étendard de ta puissance et de ta lumière dans ce monde.

Permets-moi de nourrir mon lien avec toi, afin que chaque jour je puisse entendre ta voix, reconnaître tes conseils, suivre tes recommandations.

Je t'aime, ô mon Père, Dieu tout puissant ! Tout en moi te rend grâce !

Gloire au Père, au Fils et au Saint-Esprit, comme il était au commencement, maintenant et toujours dans les siècles des siècles !

Amen ».


4. Récitez le « Viens Esprit-Saint » (*page 107*) ;
5. Vous pouvez si vous le souhaitez offrir une bougie blanche verticale avec une formule du type : « afin de te remercier, ô mon Dieu, pour ton écoute et ton aide, je t'offre cette lumière en témoignage de ma reconnaissance et de mon amour ».

# LA PRIERE

## La prière de la sérénité

La prière de la sérénité est une prière d'assistance spécifique adressée à Dieu. Elle a été créée par Karl Paul Reinhold Niebuhr, théologien américain protestant du 20$^{ème}$ siècle. Elle fut popularisée aux États-Unis dans les années quarante, notamment par les AA (alcooliques anonymes). Très simple et très courte, elle prodigue des bienfaits indiscutables. Voici le texte original traduit en français :

« *Mon Dieu, accorde-nous la grâce, d'accepter avec sérénité les choses qui ne peuvent être changées. Donne-nous le courage de changer les choses qui doivent être changées. Donne-nous la sagesse de les distinguer les unes des autres.* »

A première vue cette prière pourrait sembler mineure. Elle est très courte, ne verse pas dans le lyrisme par l'utilisation de grands mots ou de tournures de phrases complexes. Le croyant pourrait se demander en quoi elle peut être bénéfique. Il serait pourtant dommage de s'en priver puisque ses bienfaits sont indiscutables. La prière de la sérénité est une prière de sagesse et de lâcher-prise, d'où son nom. En effet, une grande partie de notre souffrance résulte de notre volonté de toujours tout contrôler, incluant ce sur quoi nous n'avons aucune prise. Nous sommes incapables de différencier « le bon grain de l'ivraie », et trop souvent nous nous préoccupons de choses pour lesquelles nous serions avisés de ne pas nous soucier. Aussi, l'usage régulier de cette prière nous aide à relativiser, à développer davantage de lâcher prise, et à obtenir une plus claire vision sur notre vie et sur ce qui importe réellement. Vous pouvez utiliser cette prière de diverses manières :

- Après la traditionnelle toilette et récitation du « Notre Père » (*page 92*), vous vous installerez à votre autel ou à tout autre lieu calme de votre habitation. Puis vous réciterez cette prière afin qu'elle vous illumine durant la journée.

Ceci représente l'utilisation la plus simple : l'intégrer à votre routine spirituelle et la réciter une fois en début de journée. Si vous pratiquez cette prière quotidiennement de cette manière, elle commencera à opérer en vous.

Vous vous ouvrirez à la sagesse divine et constaterez une tendance à lâcher prise plus facilement dans votre vie. Vous obtiendrez de même la capacité de distinguer ce qui importe et mérite votre attention du reste.

- Une autre manière d'utiliser cette prière est de la réciter en boucle à tout moment, que ce soit à voix haute, murmurée ou dans votre tête, selon votre environnement.

Ainsi, vous la réciterez lorsque vous marchez dans la rue, faites vos courses, conduisez (si cela n'altère pas votre concentration), vous promenez dans un parc, ou chez vous. Prenez l'habitude de la réciter régulièrement tout au long de votre journée afin d'en être imprégné en permanence. Ce faisant vous gagnerez en calme, paix, sagesse et lâcher-prise au regard de certains événements de votre vie. Le second bénéfice est que cette prière sera si présente en vous que quand vous vous trouverez dans une situation génératrice de stress vous opérerez sans réfléchir la distinction entre ce qui mérite vos efforts et votre attention, du reste.

- Enfin, vous pouvez utiliser cette prière ponctuellement quand vous vous retrouverez troublé du fait d'une situation.

Récitez cette prière en boucle jusqu'au moment où que vous ressentez un bienfait. Poursuivez les jours suivants s'il le faut, jusqu'à ce que vous éprouviez une plus grande paix.

Par la récitation de cette prière face à une situation difficile, vous invitez Dieu dans votre cœur et dans votre esprit. Vous lui permettez de directement agir en vous afin de vous prodiguer sa sagesse, sa paix et sa lumière.

## 4. Prières d'assistance au Christ

Le Christ est bon pour toutes choses. Ses domaines d'intervention sont illimités. Rien ne lui est impossible, comme pour Dieu. Vous pouvez le prier donc pour toute situation qui requiert une assistance.

Votre demande bien entendu doit venir du cœur, être justifiée, et ne pas violer les Lois de Dieu. Elle ne peut porter préjudice à autrui (sauf cas de « légitime défense spirituelle » contre ceux qui cherchent à vous nuire sans juste cause). En dehors de ce cas particulier, aucune prière au Christ ne saurait avoir pour objet ou résultat, directement ou indirectement, de heurter l'intégrité physique, morale, émotionnelle, mentale, sociale, professionnelle ou financière d'une tierce personne.

Je m'en vais partager quelques prières personnelles envers le Christ. Ici encore, leur ambition est d'aller au cœur du sujet, qu'elles soient le plus pragmatiques possible, et de vous donner suffisamment d'éléments pour ensuite les adapter à vos besoins.

Vous pourrez observer que ces prières répondent à la structure que vous connaissez désormais : récitation du « Notre Père » en ouverture (*page 92*), appel, exposé du problème, expression de votre requête, remerciements.

Pour chaque prière de cette section, pensez à remercier Jésus par la prière de gratitude spécifique (*page 132*) lorsque vous constatez une amélioration.

# LA PRIERE

## Pour trouver un travail

1. Après votre toilette ou vous être lavé les mains, allez à votre autel ou dans un lieu tranquille de votre habitation ;

2. Récitez le « Notre Père » (*page 92*) ;

3. Appelez le Christ par une formule du type « Seigneur Jésus Christ, j'ai besoin de te parler, s'il te plait viens à moi » ;

4. Demeurez quelques secondes en silence, puis utilisez la prière ci-dessous :

« Seigneur Jésus Christ, je me présente humblement devant toi ce jour car je sollicite ton assistance. Ma situation professionnelle est difficile. Je suis sans emploi, et je ne parviens pas à trouver de travail. [*Précisez votre situation : depuis quand êtes-vous au chômage, le domaine professionnel qui est le vôtre, l'emploi recherché, etc.*].

Tu le sais, Seigneur Jésus : nous vivons dans un monde matériel. Nous avons besoin d'un travail pour prospérer, et du fruit de ce travail pour subvenir à nos besoins et à ceux de nos proches. Aujourd'hui ma situation met en péril mon épanouissement et la prise en charge de ces besoins [*si vous avez une famille, précisez-le*].

Je sais que tu apprécies les travailleurs, les besogneux. C'est mon cas. Je ne désire pas une vie oisive, ni profiter de l'assistance publique. Je souhaite juste avoir l'opportunité de travailler, et ainsi de prendre soin de moi et de ceux qui comptent pour moi.

Mais voilà Seigneur Jésus, jusqu'à présent mes efforts ont été vains, et je ne parviens pas à trouver l'emploi qui me permettra d'atteindre ces objectifs [*si vous avez eu des entretiens qui n'ont pas abouti, c'est le moment de les mentionner*]. C'est pourquoi je viens à toi, ô mon Jésus. J'ai besoin de ton aide, car les témoignages de tes nombreux miracles durant ton passage ici-bas me donnent foi en toi et en les merveilles que tu peux accomplir. Rien ne t'est impossible, ô Christ, et je le sais.

Seigneur Jésus, toi qui es le chemin, la vérité et la vie, ouvre-moi le chemin s'il te plait afin que je puisse retrouver rapidement un travail. Mets les bonnes personnes, situations et opportunités sur ma route.

Que ce travail soit celui qui corresponde à mon intérêt supérieur et me permette de continuer à avancer dans ma vie, à m'épanouir et à être heureux, à prendre soin de mes besoins et de ceux que j'aime. Guide-moi, inspire-moi, dirige-moi dans la bonne direction, assiste mes recherches afin que sois victorieux et que ma situation professionnelle emprunte un nouveau tournant.

Que ma candidature soit illuminée de ta lumière afin qu'elle puisse être remarquée par le bon employeur. Que ta lumière me permette de vaincre toute compétition pour le bon emploi pour moi, afin que je sois celui qui est choisi.

Je m'engage de mon côté, ô Christ, à redoubler d'efforts, à passer chaque jour de la semaine en recherches, afin que ton soutien prenne forme.

*[Prenez quelques secondes de silence, puis récitez la Prière du Christ ci-dessous pendant une minute ou deux]* : « Jésus Christ, fils de Dieu, prends pitié de moi, pauvre pécheur ».

*[Puis terminez par ces mots]* : Afin de te remercier pour ta présence et ton aide dans ma recherche, je t'offre cette lumière [*allumez une bougie blanche verticale*].

Merci, ô Christ !

Gloire à toi, Seigneur Jésus, Gloire au Père !

Amen ».

# LA PRIERE

## Contre les addictions

Cette prière est à réciter sur trois jours consécutifs. Elle ne déroge pas à la règle de ne prier qu'une fois pour les prières d'assistance. La raison pour laquelle cette prière se récite sur trois jours est du fait qu'elle s'apparente davantage à un travail spirituel, et qu'elle implique une transformation d'ordre interne et non l'apparition d'un événement externe. De ce fait, la lumière du Christ a besoin d'imprégner suffisamment et sur une certaine durée vos énergies, afin de créer le changement souhaité.

Cette prière est pour *une addiction*. Si vous en avez plusieurs, vous ferez une série de cette prière sur trois jours pour l'une d'elles puis une autre série sur trois jours pour l'autre.

1. Après votre toilette ou vous être lavé les mains, allez à votre autel ou dans un lieu tranquille de votre habitation ;
2. Récitez le « Notre Père » (*page 92*) ;
3. Appelez le Christ par une formule du type « Seigneur Jésus Christ, j'ai besoin de te parler, s'il te plait viens à moi » ;
4. Demeurez quelques secondes en silence, puis utilisez la prière ci-dessous :

« Seigneur Jésus Christ, je viens en ce jour humblement à toi, car je suis en détresse, et j'ai foi en toi. Du fait des nombreux miracles que tu as accomplis sur Terre, je sais que tu as le pouvoir de me guérir du mal qui me ronge.

Ô Christ, je suis victime d'addiction [*Précisez l'addiction dont vous souffrez, relatez l'historique c'est-à-dire depuis quand vous en souffrez, et quels sont les effets sur votre vie aujourd'hui, soyez le plus précis possible*].

Je ne veux plus vivre dans un tel état de dépendance. Je ne souhaite plus être sujet aux énergies du mal. Je désire vivre en suivant tes pas, et en bénéficiant de ta lumière, de ton amour, de ta puissance, de ta sagesse. Mais je suis trop faible pour m'affranchir de ces forces du mal qui me m'emprisonnent. J'ai besoin de toi, Jésus. Je sollicite ta force, ta lumière, ton amour inconditionnel dans toutes les cellules de mon être, afin que je puisse renaître, libre de toute attache.

Viens à moi, Seigneur Jésus, tiens-toi à mes côtés ! Et que ton éclatante présence chasse loin de moi tout esprit impur qui me pousse à m'adonner à cette dépendance. Que ta lumineuse présence dissolve tous les liens malfaisants et toxiques qui me rongent le corps, le cœur et l'esprit.

Pose tes mains sur ma tête, et que ton rayon de lumière et d'amour pénètre chaque cellule de mon corps, de mon cœur et de mon esprit, brûle toute noirceur, toute pollution, toute ingratitude, et emplisse mon être tout entier de calme, de paix et d'harmonie. Que ta sainte lumière me renouvelle d'un sang nouveau et me rende libre de toute attache malfaisante.

Qu'en touchant ma tête, toute pensée d'accoutumance soit détruite et remplacée par la joie, la paix et l'harmonie. Que toute émotion troublée soit détruite de mon cœur, et qu'en pénétrant mon corps ta lumière me régénère entièrement et m'éclaire à chaque instant.

Je sais qu'en ta présence je n'ai plus rien à craindre. Je sais que ton amour pour moi sauve. Et je sais que tu veux me secourir, ô Christ !

J'ai faim et soif de ta lumière, Seigneur Jésus ! Emplis-moi de ton amour, chasse loin de moi définitivement toute force malveillante qui souhaite mon malheur.

[*Prenez quelques secondes de silence, puis récitez la Prière du Christ ci-dessous pendant une minute*] : « Jésus Christ, fils de Dieu, prends pitié de moi, pauvre pécheur ».

[*Puis terminez par ces mots*] : Afin de te remercier pour ta présence et ton aide dans ma recherche, je t'offre cette lumière [*allumez une bougie blanche verticale*].

Merci, ô Christ !

Gloire à toi, Seigneur Jésus, gloire au Père ! Amen ».

# LA PRIERE

## Pour une réconciliation

1. Après votre toilette ou vous être lavé les mains, allez à votre autel ou dans un lieu tranquille de votre habitation ;

2. Récitez le « Notre Père » (*page 92*) ;

3. Appelez le Christ par une formule du type « Seigneur Jésus Christ, j'ai besoin de te parler, s'il te plait viens à moi » ;

4. Demeurez quelques secondes en silence, puis utilisez la prière ci-dessous :

« Seigneur Jésus, je viens à toi humblement en ce jour, car je sollicite ton aide pour une situation qui m'affecte profondément. Une relation qui me tient à cœur se trouve empoisonnée par les forces du mal. [*Expliquez qui est la personne avec laquelle vous vous êtes brouillé, les circonstances de cette brouille, et l'état de la relation aujourd'hui*].

Nous avons chacun eu des paroles regrettables, et je me sens honteux de celles que j'ai proférées envers [*prénom et nom de la personne*]. Tu nous as enseigné que ce qui souille un homme est ce qui sort de sa bouche, et oui Seigneur Jésus, je l'avoue, je me suis souillé, je suis indigne de ton enseignement. Pardonne-moi, ô Christ, pour mon comportement. Prends pitié de moi, prends pitié de ma relation avec [*prénom et nom*]. Je fais appel à ton puissant Cœur Sacré afin qu'il m'entoure, moi et [*prénom et nom*] dans une même bulle de pardon et d'amour.

Apparais, ô Christ ! Place-toi entre moi et [*prénom et nom*]. Que l'effet de ta divine présence dissolve toute animosité, tout conflit, toute rancœur, ressentiment, frustration et amertume qui aujourd'hui nous divisent.

Que ta formidable lumière envahisse nos cœurs et les soulage de nos émotions négatives l'un envers l'autre ; que ta puissante lumière envahisse nos esprits et les décharge de toute pensée négative l'un envers l'autre. Que ton amour inconditionnel infuse tout mon être et celui de [*prénom et nom*] afin que nous soyons libérés des forces du mal qui cherchent à nous diviser.

Et que ce même amour, ô Christ, qui est celui que tu as donné pour nous au moment de ta crucifixion, nous enjoigne à laisser le mal et le passé derrière nous, et nous incite à nous rapprocher. Que du fait de ton intervention nous soyons capables de nous regarder de nouveau, de nous parler de nouveau, de nous écouter de nouveau, loin de toute amertume et de toute rancœur.

Seigneur Jésus, en gage de ma bonne volonté de réconciliation, et malgré le mal que [*prénom et nom*] a pu me causer, je te demande de l'entourer de ta lumière, de le (ou la) protéger, de le (ou la) guider, de l'inspirer en toute chose. Car oui, Seigneur Jésus, même si j'ai été blessé, j'aime cette personne, et je ne lui souhaite que le bien et ta présence à ses côtés. [*Prenez quelques secondes de silence*].

Qu'au nom de Dieu tout puissant et de Jésus Christ son fils, les énergies de division et de conflit soient chassées dès maintenant entre moi et [*prénom et nom*]. Que l'amour du Christ nous bénisse, nous sanctifie, nous entoure et éveille notre esprit et notre cœur à la réconciliation !

Afin de te remercier pour ta présence et ton aide dans ma recherche, je t'offre cette lumière [*allumez une bougie blanche verticale*].

Merci, ô Christ !

Gloire à toi, Seigneur Jésus, gloire au Père !

Amen ».

# LA PRIERE

## Contre les forces du mal

Cette prière peut être utilisée lorsque vous vous sentez menacé par des énergies négatives. D'aucuns, selon leurs croyances appellent ces énergies, sorcellerie, mauvais œil, esprits impurs ou démoniaques, jalousie, ou énergies spirituelles maléfiques. Quel que soit comment vous nommez ces énergies, voici une prière pour vous en défendre.

*Le Diable tente le Christ dans le désert*

1. Après votre toilette ou vous être lavé les mains, allez à votre autel ou dans un lieu tranquille de votre habitation ;
2. Récitez le « Notre Père » (*page 92*) ;

3. Appelez le Christ par une formule du type « Seigneur Jésus Christ, j'ai besoin de te parler, s'il te plait viens à moi » ;

4. Demeurez quelques secondes en silence, puis utilisez la prière ci-dessous :

« Seigneur Jésus Christ, je me présente humblement devant toi en ce jour afin de solliciter ta protection face aux forces des ténèbres qui me harcèlent. Mes adversaires sont nombreux, et ils se plaisent à me tourmenter. [*Vous pouvez préciser les circonstances, noms des ennemis humains ou spirituels, ce qu'ils cherchent à faire, etc.*].

Ô Christ, j'ai foi en ta présence, j'ai foi en ta lumière, j'ai foi en ton amour. Tu es la force la plus puissante de l'Univers, et rien dans aucun des mondes ne peut te résister. Aucune force du mal, énergie malfaisante, ni aucun esprit malin ne peuvent soutenir ta présence. C'est aussi avec une foi assurée et absolue que j'en appelle à toi, ô Christ, afin de me libérer et de me protéger de ces énergies maléfiques.

Tiens-toi à mes côtés, ô Christ ! Défends-moi dans ce combat ! Entoure-moi d'un cocon de lumière infranchissable, ô Christ ! Que ta sainte présence à mes côtés rejette à 10 000 milliards de kilomètres loin de moi toute force diabolique, quelle que soit leur forme ou leur nature. Et puissent ces forces du mal être divinement empêchées de revenir me tourmenter !

Que ta sainte présence à mes côtés inspire la peur à tout esprit malin, à toute énergie maléfique, à tout ennemi visible ou invisible.

Que ta divine lumière dissolve tout lien, nœud, chaîne et attachement des forces des ténèbres qui m'affecte ou cherche à me nuire.

Et s'il existe dans la matière des individus qui cherchent à me faire souffrir en m'envoyant des énergies maléfiques, puisse ta sainte lumière casser, détruire et mettre en échec leurs plans diaboliques. Donne à mes ennemis d'autres occupations, empêtres-les dans leurs propres tourments, et que toute énergie maléfique envoyée sur moi leur soit retournée en ton nom, Jésus Christ.

[*Prenez quelques secondes de silence, puis poursuivez*] : Au nom du Dieu très haut, suprême et tout puissant, et au nom de notre Seigneur Jésus Christ duquel je tire mon autorité et pouvoir, je vous chasse esprits malins, larves, succubes, incubes, démons, parasites, esprits impurs, forces du mal !

Partez et ne revenez jamais, au nom de Jésus Christ je vous le commande ! [*Faites le signe de croix en récitant « au nom du Père, et du Fils, et du Saint-Esprit*].

Au nom de ce même Dieu très haut, suprême et tout-puissant, et du fait de l'autorité et du pouvoir qui me sont conférés par notre Seigneur Jésus Chris qui s'est immolé sur la Croix pour la rémission de nos péchés, je casse, brise et détruis tout lien maléfique qui affecte mon être tout entier, tout contrat maléfique, tout plan diabolique !

[*Prenez quelques secondes de silence, puis allumez une bougie blanche que vous laisserez brûler jusqu'au bout. Tandis que vous allumez la bougie, récitez la phrase suivante*] :

Que la lumière du Christ soit désormais toute autour de moi tant le jour que la nuit et me protège des forces des ténèbres, quelle que soit sa nature ou son origine !

Qu'au nom de Jésus Christ et de sa lumière, tout esprit malin, toute force des ténèbres, toute énergie maléfique soient chassés loin de moi, loin de ma maison, loin de ma vie !

Qu'il en soit ainsi, au nom du Père et du fils et du Saint-Esprit,

Gloire à toi Seigneur Jésus, gloire au Père !

Amen ».

# LA PRIERE

## Pour se purifier

Cette prière peut être utilisée en plusieurs occasions. Elle peut être récitée afin d'obtenir une purification générale de votre être et de renouveler ses énergies. Cette situation est particulièrement utile en cas de stress, d'anxiété ou d'angoisse.

Elle peut être utilisée également si vous vous sentez « *au bout du rouleau* », et ce quelle qu'en soit la raison.

Ou en cas de déprime, de dépression, si vous avez des idées noires.

Ou en cas de douleur émotionnelle difficile à gérer.

Vous le voyez, cette prière peut être utilisée en toute circonstance qui affecte nos énergies, nos émotions ou nos pensées.

1. Après votre toilette ou vous être lavé les mains, allez à votre autel ou dans un lieu tranquille de votre habitation ;

2. Récitez le « Notre Père » (*page 92*) ;

3. Appelez le Christ par une formule du type « Seigneur Jésus Christ, je désire te parler, s'il te plait viens à moi » ;

4. Demeurez quelques secondes en silence, puis utilisez la prière ci-dessous :

« Seigneur Jésus Christ, je me présente humblement devant toi en ce jour, car je suis dans le besoin.

Je sollicite ton intervention afin d'obtenir la purification des cellules de mon corps, de mes émotions et de mes pensées. Mon corps est lourd, mon cœur est meurtri, et mes pensées sont affaiblies.

Les énergies de ce monde et les épreuves de la vie me pèsent, et je ne me sens plus en situation de pouvoir harmonieusement avancer. J'ai besoin de ton saint toucher afin de ressentir le changement qui me permettra de continuer à aller de l'avant dans la foi, l'espérance, et le calme.

Ton pouvoir est infini, Seigneur, et au contact de ton miraculeux rayonnement tout peut merveilleusement se métamorphoser. Accorde-moi d'éprouver ta lumière et ta présence qui lavent et purifient, liquident, dissolvent et transforment.

Seigneur Jésus, viens à mes côtés, entoure-moi d'amour inconditionnel afin que je sois béni et sanctifié.

Pose tes mains sur mon corps afin qu'il soit libéré de ses souffrances, de ses faiblesses, de ses blocages. Que les énergies de mon corps circulent avec fluidité, et que tout ce qui entrave son bon fonctionnement soit éliminé.

Pose tes mains sur mon cœur afin qu'il soit purgé, délivré, affranchi de tous ses supplices. Que toute plaie qui s'y trouve se cicatrice au contact de tes mains. Que mes émotions tourmentées soient dissoutes et laissent place au calme et à la paix.

Poste tes mains sur ma tête afin qu'au contact de ta lumière toutes les pensées négatives et perturbatrices qui m'assaillent s'évanouissent. Que toute fausse croyance, que tout schéma mental négatif, que toute pensée négative obsessionnelle ou répétée disparaissent de mon esprit. Que ta lumière dissipe toute peur, toute limitation que je m'impose. Que par ton saint toucher qui éclaire je retrouve une harmonieuse et juste vision de moi-même, d'autrui, et des situations que je traverse.

Que ton énergie pénètre mon corps tout entier, le purifie, le purge, le libère, le nettoie de toute scorie, de toute noirceur, de toute pollution. Et que ton amour qui guérit infuse chaque partie de mon corps, de mon cœur et de mon esprit, le fasse briller et resplendir, le renouvelle et le réharmonise.

Je t'offre mon être tout entier, Seigneur Jésus, prends-le et transforme-le selon ta volonté afin qu'il soit digne de te recevoir et de te représenter.

[*Prenez quelques secondes de silence*]

Que par l'intervention de notre Seigneur Jésus Christ, la lumière de Dieu pénètre le sommet de mon crâne, se diffuse dans tout mon être et le transforme merveilleusement. Que tout blocage, toute peine, toute souffrance, toute maladie soient désormais détruits. Et que la paix du Christ inonde chaque parcelle de mon corps, de mon cœur et de mon esprit et y demeure chaque jour.

Afin de te remercier pour ta présence et ton aide, je t'offre cette lumière [*allumez une bougie blanche verticale*].

Merci, ô Christ !

Gloire à toi, Seigneur Jésus, gloire au Père !

Amen ».

*Le jour de cette prière, buvez 1,5 litre d'eau pour aider au renouvellement de vos énergies. Vous pouvez réciter cette prière une fois par semaine afin de maintenir la purification active.*

*La lumière du Christ purifie*

# LA PRIERE

## Avant un procès

1. Après votre toilette ou vous être lavé les mains, allez à votre autel ou dans un lieu tranquille de votre habitation ;

2. Récitez le « Notre Père » (*page 92*) ;

3. Appelez le Christ par une formule du type « Seigneur Jésus Christ, j'ai besoin de te parler, s'il te plait viens à moi » ;

4. Demeurez quelques secondes en silence, puis utilisez la prière ci-dessous :

« Seigneur Jésus, je me présente humblement devant toi en ce jour, car je sollicite ton assistance pour une affaire qui me cause du tracas. [*Prenez le temps d'expliquer l'origine du conflit, son déroulement, la saisine de la justice, quelles sont vos demandes et celles de la partie adverse dont vous mentionnerez également le nom. Exprimez au Christ en quoi vous estimez que vos droits sont attaqués, et en quoi la situation vous semble inique. Si vous avez une date d'audience, indiquez-la*].

Ô Christ, tu as dit : *« Rendez donc à César ce qui appartient à César et à Dieu ce qui appartient à Dieu »*. Par cette phrase, tu as affirmé l'existence du droit divin et du droit humain, de la justice divine et de la justice humaine. Je sollicite par cette prière ton assistance afin que ma cause triomphe à l'occasion de ce conflit qui m'oppose à [*nommer adversaire*].

Ma cause est juste, Seigneur Jésus, et bien que j'en sois convaincu, je ne sais que trop combien la justice des hommes est imparfaite. Je ne doute pas non plus que mon ennemi utilise diverses tactiques pour travestir la vérité et me nuire.

C'est pourquoi je fais appel à toi en ce jour : afin qu'ayant la justice divine à mes côtés, la justice des hommes reconnaisse mes droits et les fasse prévaloir en cette instance.

Seigneur Jésus, je sollicite ton intervention afin que tu poses tes mains sur la tête et le cœur du ou des juges (ou des jurés) qui auront à prendre une décision dans cette affaire. Qu'en touchant leur esprit, ils aient une vision claire de la situation et de ma juste cause. Qu'en touchant leur cœur ils considèrent ma/mes demande(s) avec empathie, compassion et compréhension.

[*Si vous avez un avocat*] : Que ta lumière inspire à tout moment mon avocat [*nommez-le*] afin qu'il me défende de la meilleure manière, qu'il trouve les bon mots et arguments pour ma défense, de même que pour confondre mes ennemis.

Que ta sainte lumière illumine toute l'instruction de cette affaire, et qu'elle brille également durant l'audience afin que la vérité éclate au grand jour, et que toute possible imposture et manigance de mon/mes ennemis éclatent.

Que la fourberie, les mensonges et manipulations de mon/mes adversaires soient révélés publiquement, que leurs tentatives pour me salir et attenter à mes droits volent en éclat. Que mon bon droit et ma juste cause prévalent et qu'il me soit attribué ce qui m'est dû.

Que justice soit faite, Seigneur Jésus ! Et surtout, que ta volonté soit faite !

Afin de te remercier pour ta présence et ton aide dans ma recherche, je t'offre cette lumière [*allumez une bougie blanche verticale*].

Merci, ô Christ !

Gloire à toi, Seigneur Jésus, gloire au Père !

Amen ».

# LA PRIERE

## Avant un examen ou un concours

Cette prière peut être utilisée pour tout examen ou concours, qu'il soit oral ou écrit. Je conseille de la réciter deux semaines avant la date de passage. Au besoin, vous adapterez selon la forme d'examen/concours que vous devrez passer. Vous réciterez cette prière une fois, comme vous le savez maintenant pour les prières d'assistance, même si vous avez une série d'épreuves à passer. Vous n'aurez pas besoin de réciter cette prière pour chacune d'elles : une seule fois suffira. Je place entre accolades des terminologies diverses afin d'englober les différentes possibilités de situations qui peuvent être les vôtres, de telle sorte à ce que vous puissiez utiliser celle qui vous correspond.

1. Après votre toilette ou vous être lavé les mains, allez à votre autel ou dans un lieu tranquille de votre habitation ;

2. Récitez le « Notre Père » (*page 92*) ;

3. Appelez le Christ par une formule du type « Seigneur Jésus Christ, j'ai besoin de te parler, s'il te plait viens à moi » ;

4. Demeurez quelques secondes en silence, puis utilisez la prière ci-dessous :

« Seigneur Jésus, je me présente humblement devant toi en ce jour, car je sollicite ton assistance pour une affaire importante. [*Exposez la situation, votre parcours d'études, l'examen ou le concours ou l'ensemble des examens ou concours que vous allez passer, indiquez ce qu'ils vont vous apporter en termes de poursuite de vos études ou de qualifications professionnelles pour chercher un travail ou obtenir un meilleur poste ou une promotion ou changement de poste*].

Cet [ou ces] examen est capital pour moi, Seigneur Jésus, car de ce dernier et de mon succès dépend la suite de mes études [*ou bien la certification/qualification pour entrer sur le marché du travail ou pour obtenir un poste ou bénéficier d'une promotion ou changement de poste*].

J'ai conscience que je dois travailler dur pour cet examen/concours, et je le fais. Mais nous sommes plusieurs à le passer et je dois le réussir [*ou faire partie de ceux qui seront admis/reçus/sélectionnés*]. Je ne te cache pas, ô Christ, que j'éprouve de l'angoisse, et je ne veux pas que la peur soit en moi, ni lors des révisions ni durant le passage de l'examen.

Seigneur Jésus, qu'au contact de ton miraculeux rayonnement mes capacités intellectuelles d'apprentissage et de compréhension soient démultipliées. Que mon esprit intègre les connaissances requises pour la bonne tenue de cet examen. Que durant mon sommeil ces connaissances s'ancrent dans mon esprit et y demeurent jusqu'à la date où je le passerai.

Que ta sainte lumière apaise également mes craintes lors de cette période préliminaire, et que la peur, l'angoisse et l'anxiété laissent place à la paix, au calme et la confiance pendant mes révisions. Et que durant l'examen tu te tiennes à mes côtés, ô Christ. Ne m'abandonne pas ! Fais-moi ressentir ta présence afin que je conserve mon calme, et que je puisse bénéficier de tous mes moyens intellectuels.

Inspire-moi, parle-moi durant l'épreuve afin que ma communication (écrite ou orale) soit parfaite. Que je sois en mesure de comprendre les questions, et que je puisse disposer de toutes les ressources pour y répondre de la manière la plus efficace, complète et harmonieuse.

Tu es avec moi, ô Christ, et que désormais la confiance, la sérénité, la connaissance et la réussite soient avec moi !

Seigneur Jésus Christ, j'ai foi en toi, aussi je place cet examen entre tes mains !

Afin de te remercier pour ta présence et ton aide dans ma recherche, je t'offre cette lumière [*allumez une bougie blanche verticale*].

Merci, ô Christ ! Gloire à toi, Seigneur Jésus, gloire au Père ! Amen ».

# LA PRIERE

## Pour une guérison

1. Après votre toilette ou vous être lavé les mains, allez à votre autel ou dans un lieu tranquille de votre habitation ;

2. Récitez le « Notre Père » (*page 92*) ;

3. Appelez le Christ par une formule du type « Seigneur Jésus Christ, j'ai besoin de te parler, s'il te plait viens à moi » ;

4. Demeurez quelques secondes en silence, puis utilisez la prière ci-dessous :

« Seigneur Jésus Christ, je me présente à toi humblement en ce jour, car je souffre de maladie. Cette situation m'afflige et j'ai besoin de toi. [*Expliquez la maladie dont vous souffrez, ses effets et conséquences sur votre vie*].

J'ai connaissance des merveilles que tu as accomplies : la résurrection de Lazare, l'aveugle auquel tu as rendu la vue, l'homme handicapé que tu as guéri, la femme victime de saignements que tu as soulagée, et tellement d'autres miracles, ô Christ.

Seigneur Jésus, tu maîtrises tous les éléments, et rien ne t'es impossible. C'est dès lors avec une foi indéfectible que je sollicite ton intervention afin de me décharger de ce poids de la maladie.

Seigneur Jésus Christ, prends-pitié de moi,

Seigneur Jésus Christ, prie pour moi,

Seigneur Jésus Christ, guéris-moi,

Seigneur Jésus Christ, soulage-moi,

Seigneur Jésus Christ, renouvelle mon être tout entier,

Seigneur Jésus Christ, libère-moi afin que je retrouve la santé,

Seigneur Jésus Christ, pose tes mains sur [*préciser la ou les parties malades*] afin qu'illuminé(e) de ta lumière il/elle obtienne la guérison.

Seigneur Jésus Christ, pose tes mains sur la ou les parties douloureuses de mon être afin que je ne ressente plus la souffrance. Seigneur Jésus Christ, pose tes mains sur mon corps afin que mon système immunitaire soit démultiplié. Seigneur Jésus Christ, pose tes mains sur mon corps afin qu'il soit régénéré. Seigneur Jésus Christ, purge mon être de tout ce qui me cause du tourment et de la maladie.

[*Prenez quelques secondes de silence, puis récitez la Prière du Christ ci-dessous pendant une minute*] : « Jésus Christ, fils de Dieu, prends pitié de moi, pauvre pécheur ».

[*Puis terminez par ces mots*] : Afin de te remercier pour ta présence et ton aide dans ma recherche, je t'offre cette lumière [*allumez une bougie blanche verticale*].

Merci, ô Christ ! Gloire à toi, Seigneur Jésus, gloire au Père ! Amen ».

*Le Christ guérit les malades*

# LA PRIERE

## Lorsque tout semble bloqué

Cette prière peut être utilisée lorsque tout vous semble fermé. Vous vous sentez prisonnier de votre vie, vous avez perdu espoir, ou votre vie vous pèse. Vous ne voyez plus de lumière et sentez que si aucun changement heureux n'apparait vous risquez la dépression, ou pire.

1. Après votre toilette ou vous être lavé les mains, allez à votre autel ou dans un lieu tranquille de votre habitation ;

2. Récitez le « Notre Père » (*page 92*) ;

3. Appelez le Christ par une formule du type « Seigneur Jésus Christ, j'ai besoin de te parler, s'il te plait viens à moi » ;

4. Demeurez quelques secondes en silence, puis utilisez la prière ci-dessous :

« Seigneur Jésus Christ, je me présente en ce jour humblement devant toi, car je suis en situation de détresse. [*Expliquez votre situation : votre conjoint(e) vous a quitté, vous avez perdu votre travail, rien ne fonctionne dans votre vie, tout est bloqué, les gens vous tournent le dos, etc.*]

Ne m'abandonne pas, ô Christ, je t'en prie ! J'ai besoin d'un miracle, et je sais que tu as le pouvoir de les manifester.

Sauve-moi, ô Christ, ne me laisse pas dans cette obscurité. Je désire revoir la lumière, retrouver l'espoir, le goût de vivre, le goût d'entreprendre.

Toi qui es le chemin, la vérité et la vie, je t'en supplie, ouvre-moi la voie. Présente-moi de nouvelles opportunités dans tous les domaines de ma vie, mets sur mon chemin de nouvelles personnes, ouvre-moi les portes demeurées fermées jusqu'à présent.

Oriente mon regard là où tu désires que je regarde, dirige-moi où tu souhaites que je marche. Ecarte de mes pas les blocages qui m'empêchent d'avancer harmonieusement.

Donne-moi la force qui me manque, éclaircis mon cœur tourmenté et mon esprit obscurci, nourris mon être tout entier de ta présence afin que je sorte du tunnel dans lequel je suis enfermé.

Je t'implore, ô Christ, ne m'abandonne pas. Mon berger, j'ai besoin que tu me guides, j'ai besoin de ton amour, j'ai besoin de ton assistance, j'ai besoin de ta protection, j'ai besoin de ton inspiration, j'ai besoin de ta sagesse.

Si j'ai emprunté de mauvaises voies, si je n'ai pas agi au mieux de mon intérêt supérieur, interviens ô Christ, et rectifie mon chemin.

« *Épargne-moi la coupe de la souffrance, Seigneur Jésus, mais que ta volonté prime et non la mienne* ». Fais de moi ce qu'il te plaira, je m'abandonne entièrement à toi, car j'ai foi en toi et en ton jugement.

Je sais qu'avec toi à mes côtés je n'ai plus rien à craindre. Je sais que tu ne me délaisseras pas aux forces du mal, que tu ne laisseras pas les forces des ténèbres continuer à me nuire.

Je sais qu'en suivant ta volonté ma vie changera au mieux de mon intérêt supérieur, et que je serai sauvé.

Je sais que par la force de ton intervention tout ce qui est bloqué présentement dans ma vie sera dissous et éliminé.

Seigneur Jésus, je mets ma vie dans tes mains. Prends-la et transforme-la selon ta volonté.

[*Prenez quelques secondes de silence, puis récitez la Prière du Christ ci-dessous pendant une minute*] : « Jésus Christ, fils de Dieu, prends pitié de moi, pauvre pécheur ».

[*Puis terminez par ces mots*] : Afin de te remercier pour ta présence et ton aide dans ma recherche, je t'offre cette lumière [*allumez une bougie blanche verticale*].

Merci, ô Christ !

Gloire à toi, Seigneur Jésus, gloire au Père !

Amen ».

# LA PRIERE

## Pour bénir une maison

1. Après votre toilette ou vous être lavé les mains, allez à votre autel ou dans un lieu tranquille de votre habitation ;

2. Récitez le « Notre Père » (*page 92*) ;

3. Appelez le Christ par une formule du type « Seigneur Jésus Christ, j'ai besoin de te parler, s'il te plait viens à moi » ;

4. Demeurez quelques secondes en silence, puis utilisez la prière ci-dessous :

« Seigneur Jésus Christ, je me présente humblement devant toi ce jour afin que mon domicile soit désormais purifié et libéré de toutes les énergies impures qui y sont présentes.

[*Vous pouvez expliquer votre situation. Par exemple : souhaitez-vous purifier cette habitation que vous venez de louer ou d'acheter et ainsi la purifier des énergies des précédents habitants et situations vécues ? Souhaitez-vous la purifier parce que vous avez reçu chez vous une ou des personnes négatives ? Souhaitez-vous la purifier parce que vous-même avez été malade ou déprimé, ou en souffrance, et ainsi désirez que votre habitation soit libérée de ces énergies ? Souhaitez-vous la purifier parce que depuis un moment vous ne vous y sentez plus bien, n'avez pas un bon sommeil, etc. ?*].

Que ta sainte lumière pénètre partout dans mon domicile, qu'elle emplisse chaque pièce et recoin. Qu'au contact de ta présence toute énergie négative, quelle que soit sa forme, son origine ou sa nature, soit chassée loin d'ici.

Que seule ta rayonnante présence habite ces lieux, et qu'elle illumine chaque jour cette demeure ainsi que ses habitants.

Que tes anges puissants gardent ce logis de toute force nuisible. Qu'ils me [*ou nous si vous êtes plusieurs à y vivre*] préservent de tout danger et de tout accident. Que je [*ou nous*] sois/soyons en permanence en sécurité et à l'abri de tout danger et de toute intrusion des forces du mal.

[*Restez en silence quelques secondes, puis poursuivez*] : Que la lumière et la paix du Christ descendent dès maintenant sur cette maison. Qu'elle la bénisse, la sanctifie et la purge de toutes les énergies impures qui y sont présentes. Que la lumière et la paix du Christ resplendissent dans chaque pièce et recoin, qu'elles me bénissent [*ou bénissent ses habitants si vous êtes plusieurs*] chaque jour lorsque je suis éveillé, et chaque nuit durant mon sommeil.

Qu'au nom du Dieu tout puissant et de son fils Jésus Christ plus aucune énergie impure ne soit autorisée à demeurer ici. Qu'elles soient chassées, et que mon habitation soit dès maintenant la maison du Seigneur, emplie de la lumière de Dieu, du Christ et de leurs anges !

Seigneur Jésus Christ, afin de te manifester ma reconnaissance pour ton assistance, je t'offre cette lumière [*allumez une bougie blanche verticale que vous laisserez brûler intégralement*].

Merci, ô Christ !

Gloire à toi, Seigneur Jésus, gloire au Père !

Amen ».


Dans chaque pièce vous réciterez une fois le « Notre Père » (*page 92*) en tenant un épi de sauge blanche allumée pour que la fumée emplisse chaque pièce. Veillez à avoir toutes les fenêtres ouvertes, vous les fermerez après avoir passé de la sauge partout dans votre maison.

## 4. Prières d'assistance à la Vierge Marie

La Sainte Vierge Marie est considérée pour les croyants comme la mère de Dieu. Mais elle n'est pas que cela : elle est la mère universelle, notre mère spirituelle à tous.

Ayant éprouvé les souffrances de la vie humaine, la Vierge Marie est une figure attachante et proche de nous. Bien que les Hommes aient crucifié son fils Jésus, elle continue à déborder d'amour pour nous. Nous venons à elle pour nous soutenir dans l'épreuve, nous consoler dans les peines. Elle dispose de toutes les qualités d'une mère : à l'écoute, bienveillante, rassurante, protectrice, réconfortante. De fait, elle est une farouche gardienne contre nos ennemis, et ce n'est pas sans raison qu'elle est connue pour avoir piétiné le Serpent. Nous pouvons également nous adresser à elle pour la guérison du corps, du cœur ou de l'esprit, pour toute question concernant les enfants et grossesses (pour les préserver ou favoriser), ou difficultés de fertilité (pour les rendre fécondes). Elle peut nous aider à surmonter les obstacles qui se dressent sur notre chemin.

Pour chaque prière de cette section, pensez à remercier la Sainte Vierge par la prière de gratitude spécifique (*page 134*) lorsque vous constatez une amélioration.

## LA PRIERE

### Pour protéger une grossesse

1. Après votre toilette ou vous être lavé les mains, allez à votre autel ou dans un lieu tranquille de votre habitation ;

2. Récitez le « Notre Père » (*page 92*) ;

3. Appelez la Vierge Marie par une formule du type « Sainte Vierge Marie, j'ai besoin de te parler, s'il te plait viens à moi » ;

4. Récitez le « Je vous salue Marie » (*page 101*) ;

5. Récitez le « Souvenez-vous » (*page 102*) ;

6. Demeurez quelques secondes en silence, puis utilisez la prière ci-dessous :

« Sainte Vierge Marie, je me présente humblement devant toi en ce jour, car j'ai besoin de ton assistance.

Je suis enceinte, et je sais à quel point ton amour de mère pour nous est une protection et une bénédiction. Ma très chère Sainte Vierge Marie, je te demande de prendre soin de mon bébé durant cette grossesse. Préserve cette gestation afin qu'elle se déroule à l'abri de tout danger et de tout accident. Sois également à mes côtés et aux côtés de mon enfant lors de l'accouchement afin qu'il ne se produise sans aucun souci, ni pour ma santé ni pour la sienne.

Entoure de ton amour mon enfant durant sa croissance dans mon ventre afin qu'il puisse se développer dans la lumière, la paix et l'harmonie. Que rien de vital à sa bonne santé ne lui fasse défaut, et qu'ainsi il puisse naître sain et protégé de tout problème.

Que ta sainte lumière forme dès maintenant un bouclier tout autour de mon enfant afin qu'il soit protégé des forces du mal. Fais-lui ressentir ta douce et consolante présence, ô ma Sainte Mère. Parle-lui afin d'apaiser ses craintes éventuelles, et qu'il grandisse en moi dans la joie, le calme et la sérénité. Avec toi à nos côtés mon enfant et moi n'avons rien à craindre, et je remets cette grossesse entre tes mains afin que tu en prennes soin avec le même amour que tu as éprouvé pour ton fils Jésus Christ alors qu'il était dans ton ventre.

Par ailleurs, ô très Sainte Vierge Marie, entoure-moi de ta sainte lumière, fais-moi ressentir ta présence chaque jour quand je suis éveillée et chaque nuit lorsque je suis endormie afin que je sois en permanence préservée de tout mal et de tout danger, et libérée de tout tourment, de toute angoisse, de toute peur, et de toute maladie.

Sainte Vierge Marie, je t'offre cette lumière en témoignage de ma reconnaissance et de mon amour pour toi [*récitez 3 « Je vous salue Marie » et un « Salve Regina » (page 103), puis allumez une bougie blanche verticale*].

Qu'à partir de maintenant la paix et l'amour de la Sainte Vierge Marie et de ses anges viennent sur moi et mon enfant. Que leur lumière nous apaise et nous protège de tout danger et de tout accident.

Qu'il en soit ainsi.

Au nom du Père, du Fils et du Saint-Esprit, amen ».


Récitez cette prière une seule fois. Reprenez le protocole ci-dessus (les six points préliminaires à la prière), puis remerciez juste la Vierge au moins une fois par semaine, pour son assistance et sa présence durant votre grossesse. Terminez à la fin de chacune de ces petites prières en lui offrant une bougie chauffe-plats en remerciement.

## LA PRIERE

## Pour protéger un enfant

1. Après votre toilette ou vous être lavé les mains, allez à votre autel ou dans un lieu tranquille de votre habitation ;

2. Récitez le « Notre Père » (*page 92*) ;

3. Appelez la Vierge Marie par une formule du type « Sainte Vierge Marie, j'ai besoin de te parler, s'il te plait viens à moi » ;

4. Récitez le « Je vous salue Marie » (*page 101*) ;

5. Récitez le « Souvenez-vous » (*page 102*) ;

6. Demeurez quelques secondes en silence, puis utilisez la prière ci-dessous :

« Ma très Sainte Vierge Marie, mère de Dieu, je me présente humblement à toi en ce jour afin de te demander de prendre soin de mon enfant [*nommez-le*] durant sa vie. Nous vivons dans cette vallée de larmes, et les épreuves sont nombreuses. Les méchants abondent. En tant que mère, je me soucie pour mon enfant, de même que tu te préoccupais de ton fils, notre Seigneur Jésus Christ. Ô ma Mère, ma très Sainte Vierge Marie, je te supplie d'entourer de ta présence [*prénom et nom de l'enfant*] au cours de sa vie. Guide ses pas afin qu'il ne heurte sur aucune pierre, ni n'emprunte aucun mauvais chemin. Inspire-lui la joie en toute circonstance, l'espérance et la paix, inonde son cœur et son esprit de ta lumière qui apaise et réconforte.

Inspire [*prénom et nom de l'enfant*] durant sa vie, afin qu'il prenne les meilleures décisions, celles qui seront conformes à son intérêt supérieur et qui lui éviteront de souffrir. Et si pour une raison inconnue de moi mon enfant doit vivre une épreuve, alors je t'en prie, assiste-le, protège-le, guide-le au mieux de ses intérêts.

Tout comme tu as écrasé le serpent, je te demande de mettre hors de son chemin toute personne mauvaise. Et si [*prénom et nom de l'enfant*] doit néanmoins croiser leur route, inspire-le de telle sorte qu'il s'écarte d'eux. Donne-lui le bon jugement, la sagesse, l'intelligence, et la clarté de vision et de pensées afin qu'il ne demeure pas à leurs côtés. Et ne permets pas aux méchants de prévaloir sur lui/elle, entoure-le d'un bouclier de lumière invincible à toute attaque des forces du mal, incarnées ou spirituelles.

Que ton amour pour [*prénom et nom de l'enfant*] lui garantisse une existence heureuse, que ta bienheureuse présence lui ouvre la voie du bonheur, de l'accomplissement et du succès. Eloigne de son chemin les embûches, lève les obstacles qui pourraient se dresser sur sa route, et protège-le tout au long de sa vie.

Sainte Vierge Marie, je t'offre cette lumière en témoignage de ma reconnaissance et de mon amour pour toi [*récitez trois « Je vous salue Marie » (page 101), et un « Salve Regina » (page 103), puis allumez une bougie blanche verticale*].

Qu'il en soit ainsi.

Au nom du Père, du fils et du Saint Esprit, amen ».

*La Sainte Vierge, protectrice des enfants*

# LA PRIERE

## Pour favoriser une grossesse

Cette prière peut être utilisée si votre couple a des soucis pour avoir un enfant. Les miracles de la Sainte Vierge nombreux ! Priez-la !

1. Après votre toilette ou vous être lavé les mains, allez à votre autel ou dans un lieu tranquille de votre habitation ;
2. Récitez le « Notre Père » (*page 92*) ;
3. Appelez la Vierge Marie par une formule du type « Sainte Vierge Marie, j'ai besoin de te parler, s'il te plait viens à moi » ;
4. Récitez le « Je vous salue Marie » (*page 101*) ;
5. Récitez le « Souvenez-vous » (*page 102*) ;
6. Demeurez quelques secondes en silence, puis utilisez la prière ci-dessous :

« Ô ma Mère, très Sainte Vierge Marie, c'est avec douleur que je me présente à toi ce jour pour solliciter ton assistance. Mon partenaire et moi souhaitons avoir un enfant, mais pour l'heure nous n'avons pu obtenir de succès. [*Expliquez d'où vient le souci, l'historique éventuel de vos tentatives, les résultats insatisfaisants, l'avis des médecins, etc.*].

Nous sommes affligés par cette situation. Notre seul désir est d'accueillir sur cette Terre une nouvelle âme issue de Dieu et de lui prodiguer tout l'amour que des parents peuvent donner à leur enfant. Nous sommes désemparés car nos seuls efforts sont insuffisants, et c'est pourquoi je me tourne vers toi. Ô Sainte Vierge Marie, mère de Dieu, qui a été gratifiée de celui qui deviendrait le Roi du monde, permets que je puisse de même accueillir l'enfant que je saurai adorer de tout mon cœur et que je guiderai durant sa vie sur le chemin de Dieu.

Ma très sainte Mère, pose tes mains sur mon corps et sur celui de mon conjoint [*ou de ma conjointe*], de sorte que tout ce qui s'est opposé jusqu'à présent à la naissance d'un enfant soit dissous. Que ton auguste lumière pénètre dans nos corps afin de rendre fertile ce qui était jusqu'à présent aride.

Intercède également pour nous et pour notre cause auprès de ton fils, notre Maître, Sauveur et Seigneur Jésus Christ, afin qu'il contribue à ce miracle. Qu'il nous accorde l'enfant chéri que nous attendons avec ferveur et amour. Et que ta parole soit entendue par Dieu le Père afin qu'il consente à notre demande.

Nous nous engageons à entourer cet enfant de tout l'amour dont il aura besoin, de l'éduquer dans l'amour de Dieu et de ton fils Jésus Christ, de lui enseigner les valeurs qui lui permettront de diffuser la lumière dans ce monde de ténèbres.

Prends pitié de nous, ô très Sainte Vierge Marie, et que ta lumière dès maintenant s'infuse dans nos corps afin de préparer l'arrivée de cet enfant.

Sainte Vierge Marie, je t'offre cette lumière en témoignage de ma reconnaissance et de mon amour pour toi [*récitez trois « Je vous salue Marie » (page 101), puis et un « Salve Regina » (page 103), puis allumez une bougie blanche verticale*].

Qu'il en soit ainsi.

Au nom du Père, du fils et du Saint Esprit, amen ».

# LA PRIERE

## Pour la réconciliation d'un couple

1. Après votre toilette ou vous être lavé les mains, allez à votre autel ou dans un lieu tranquille de votre habitation ;

2. Récitez le « Notre Père » (*page 92*) ;

3. Appelez la Vierge Marie par une formule du type « Sainte Vierge Marie, j'ai besoin de te parler, s'il te plait viens à moi » ;

4. Récitez le « Je vous salue Marie » (*page 101*) ;

5. Récitez le « Souvenez-vous » (*page 102*) ;

6. Demeurez quelques secondes en silence, puis utilisez la prière ci-dessous :

« Ô très Sainte Vierge Marie, c'est avec douleur et humilité que je me présente devant toi en ce jour, sollicitant ton intervention afin que ma relation avec [*nommer votre partenaire*] retrouve la tranquillité [*expliquer en détail le souci*]. L'amour et l'harmonie ont laissé place aux forces du mal, et désormais nous vivons dans le conflit et le ressentiment. Cette situation me fait souffrir, et je viens à toi, désespéré(e) afin que tu puisses nous assister.

Viens à nous, ma très chère Vierge Marie ! Emplis de ton amour notre habitation et chasses-y toute énergie maléfique qui ne se nourrit que de conflits, d'agressivité et de peur. Pose tes mains sur nos cœurs afin qu'ils soient libérés de toute amertume, de tout ressentiment, de toute rancune, de toute émotion tourmentée. Et que ta divine lumière nous emplisse afin que nous puissions nous pardonner, nous ouvrir de nouveau l'un à l'autre, et nous rapprocher de nouveau. Que tes mains se posent sur nos têtes afin d'y chasser toute pensée négative ou perturbatrice, et y substituent la clarté, la paix et l'harmonie, et le désir de réconciliation.

Très Sainte Vierge Marie, que ton intervention au sein de notre couple nous permette de nous regarder de nouveau avec tendresse, de guérir notre communication brisée, de nous entendre et de nous comprendre, et de nous pardonner pour le mal que nous nous sommes faits.

Que ta lumière renvoie toute énergie du mal loin de notre maison, de notre cœur, de notre esprit, de notre vie, et qu'à la rancœur se substitue le pardon, qu'aux disputes se substitue la paix, qu'à la froideur et l'indifférence se substituent l'amour et la compassion.

Fais-nous éprouver ton amour qui apaise, ta lumière qui éclaire, et que ta sainte présence nous unisse dans un seul et même cœur empli de tendresse et de compréhension.

Bénis notre couple afin que nous soyons libérés et préservés des forces des ténèbres. Forme un bouclier de lumière tout autour de nous et de notre habitation afin qu'aucune force obscure ne puisse plus jamais nous nuire. Et que notre domicile soit le réceptacle de ton amour et de ta douceur.

Sainte Vierge Marie, je t'offre cette lumière en témoignage de ma reconnaissance et de mon amour pour toi [*récitez trois « Je vous salue Marie » (page 101), et un « Salve Regina » (page 103), puis allumez une bougie blanche verticale*].

Qu'il en soit ainsi.

Au nom du Père, du fils et du Saint-Esprit,

Amen ».


Une fois cette prière achevée, ayez un acte affectueux envers votre partenaire (un compliment, une petite surprise, un mot tendre...). Il est évident que si vous sollicitez l'aide de notre Sainte Vierge Marie pour votre couple vous n'allez pas ensuite vous disputer avec votre partenaire pour quelque motif que ce soit. Vous allez aider la Vierge Marie à vous aider en adoptant une attitude positive.

Par ailleurs, une fois cette prière faite, vous pouvez chaque semaine retourner prier la Vierge Marie. Vous respecterez le protocole préliminaire à la prière (numérotés de 1 à 6, page précédente), puis vous relaterez à la Vierge comment vous vous sentez, comment évolue votre couple, vous la tenez informée. Vous en profiterez pour lui demander de continuer à demeurer aux côtés de votre couple pour permettre un rapprochement.

Il s'agit plus de conserver le lien que de refaire une demande que vous aurez déjà faite en récitant cette prière une fois.

Vous terminerez en offrant une petite bougie chauffe-plats pour la remercier.

*Couple priant la Vierge Marie*

# LA PRIERE

## Contre les forces du mal

1. Après votre toilette ou vous être lavé les mains, allez à votre autel ou dans un lieu tranquille de votre habitation ;

2. Récitez le « Notre Père » (*page 92*) ;

3. Appelez la Vierge Marie par une formule du type « Sainte Vierge Marie, j'ai besoin de te parler, s'il te plait viens à moi » ;

4. Récitez le « Je vous salue Marie » (*page 101*) ;

5. Récitez le « Souvenez-vous » (*page 102*) ;

6. Demeurez quelques secondes en silence, puis utilisez la prière ci-dessous :

« Ma très Sainte Vierge Marie, moi [*indiquez votre prénom et nom*] suis en danger. Je suis victime d'énergies spirituelles maléfiques dirigées contre moi. [*Expliquez ensuite votre situation : est-ce un voisin qui vous jalouse ? Sont-ce des esprits malins qui vous troublent ? Précisez à la Vierge la source du tourment et les effets dont vous souffrez*].

Ô ma Mère, ma très Sainte Mère, je me réfugie dans tes bras. Accueille-moi et fais-moi bénéficier de ta divine protection. Assiste-moi de ta présence, et que te tenant à mes côtés aucune force obscure ni malveillante ne puisse plus subsister dans ma demeure, ni m'approcher et me heurter. Chasse loin de moi tout esprit mauvais. Que ta céleste présence mette en effroi toute force impure. Coupe tous les liens maléfiques qui me retiennent enchaînés aux énergies du mal, et donne d'autres occupations à tous ceux qui jurent ma perte, afin qu'ils m'oublient et me laissent vivre en paix.

J'ai foi en toi ô ma Mère, je sais qu'aucune force perfide ne peut soutenir ta lumière. Aucun esprit mauvais ne peut supporter ta présence. Aucune énergie diabolique, quelle que soit sa source, forme ou nature, ne peut pénétrer ta protection resplendissante tout autour de moi.

Que ta présence et ta protection m'entourent tant le jour quand je suis éveillé, que la nuit lorsque je suis endormi. Que tout impur ressente les effets de ton courroux s'ils cherchent à approcher et me nuire, que la crainte de ta fureur les fasse fuir loin de moi. Qu'aucune énergie maléfique ne puisse subsister en ta présence à mes côtés. Et que ta protection se manifeste tout autour de moi par un bouclier de lumière invincible et infranchissable.

[*Prenez quelques secondes pour demeurer en silence, puis affirmez avec force et conviction la formule qui suit*] : Que la Sainte Vierge Marie soit désormais à mes côtés, qu'elle m'entoure d'une muraille de lumière divine qui me préserve des forces du mal et les chasse loin de moi. Qu'aucun esprit malin, qu'aucune énergie démoniaque et diabolique ne soit plus autorisée à m'approcher, que toute force de l'ombre soit rejetée loin de moi, et que tout lien maléfique heurtant mon corps, mon cœur ou mon esprit soit dissous au contact des mains de la Sainte Vierge Marie !

Sainte Vierge Marie, je t'offre cette lumière en témoignage de ma reconnaissance et de mon amour pour toi [*récitez trois « Je vous salue Marie » (page 101), et un « Salve Regina » (page 103) puis allumez une bougie blanche verticale*].

Qu'il en soit ainsi. Au nom du Père, du fils et du Saint Esprit,

Amen ».

*La Vierge Marie qui écrase le Serpent*

## LA PRIERE

### Pour nous réconforter dans l'épreuve

1. Après votre toilette ou vous être lavé les mains, allez à votre autel ou dans un lieu tranquille de votre habitation ;

2. Récitez le « Notre Père » (*page 92*) ;

3. Appelez la Vierge Marie par une formule du type « Sainte Vierge Marie, j'ai besoin de te parler, s'il te plait viens à moi » ;

4. Récitez le « Je vous salue Marie » (*page 101*) ;

5. Récitez le « Souvenez-vous » (*page 102*) ;

6. Demeurez quelques secondes en silence, puis utilisez la prière ci-dessous :

« Ma très chère Sainte Vierge Marie,

Je viens à toi, car je suis en détresse. Les événements de la vie m'accablent, et je ne vois plus la lumière. Tu as souffert toi-même à cause des hommes, mais tu nous as gardé ton amour. Et malgré les adversités, tu es restée dans la lumière de Dieu. Pour cela tu es un modèle pour moi, un exemple que je souhaite suivre, même si je m'en sens incapable. Je n'ai pas de mots suffisamment puissants pour exprimer les sentiments que j'éprouve pour toi, et toute ma gratitude pour l'amour infini que tu nous conserves.

Ma très chère Mère, je souffre, car [*exposez précisément la ou les épreuves qui vous accablent : un deuil, une séparation, une perte d'emploi, etc. Soyez aussi précis que possible*].

S'il te plait Sainte Vierge Marie, prend-moi dans tes bras, ceins-moi de ta lumière, et fais-moi ressentir ta présence afin que je sois entouré et assisté lors de cette épreuve. Réconforte-moi dans la peine que je traverse et montre-moi la lumière afin que je sorte de cette obscurité. Donne-moi le courage de me lever de nouveau chaque matin, de vivre ma journée, et la paix durant mon sommeil quand je vais me coucher.

Chasse loin de moi les énergies négatives qui m'accablent. Qu'en touchant mon cœur tu le purifies de ses souffrances et l'emplisses de calme et d'harmonie. Qu'en touchant mon esprit tu chasses les pensées négatives qui m'emprisonnent et y substitues la clarté, la confiance, l'espoir et l'harmonie.

S'il te plait, ô ma Mère, tiens-toi à mes côtés ! Et que ta présence repousse à 10 000 milliards de kilomètres loin de moi toute force maléfique qui m'accable le corps, le cœur et l'esprit. Infuse chaque partie de mon être de ta lumière qui apaise et réconforte.

Je t'aime, Sainte Vierge Marie, et je te remercie d'être toujours à l'écoute de nos souffrances. Sainte Vierge, je place ma douleur entre tes mains, transmute-la, change-la !

Sainte Vierge Marie, je t'offre cette lumière en témoignage de ma reconnaissance et de mon amour pour toi [*récitez trois « Je vous salue Marie » (page 101), et un « Salve Regina » (page 103), puis allumez une bougie blanche verticale que vous laisserez brûler jusqu'au bout*].

Qu'il en soit ainsi.

Au nom du Père, du fils et du Saint-Esprit,

Amen ».

Vous pouvez prier la Vierge les jours suivants sans réserve. Reprenez les six points numérotés page précédente, puis parlez-lui. Remerciez-la pour sa présence et son amour, exprimez-lui votre gratitude, donnez-lui de vos nouvelles (comment vous vous sentez, vos pensées du moment, etc.), et pour finir remerciez-la en lui offrant une petite bougie chauffe-plats.

Bien entendu dans la partie requête, en plus de celles générales que j'ai écrites ci-dessus, vous pouvez ajouter des demandes précises adaptées à votre situation. Si par exemple vous souffrez d'une rupture, vous pouvez lui demander de vous aider à accepter la séparation, à continuer à aller de l'avant, à faire apparaitre dans votre vie de nouvelles personnes, etc. Si vous souffrez d'un deuil, vous pouvez lui demander de panser votre cœur de cette perte et vous aider à l'accepter et la surmonter, et ainsi de suite.

# LA PRIERE

## Pour la guérison

Supposons que nous souffrions d'une tumeur dans la prostate avec des douleurs dans le ventre. Le but de cette prière est de vous servir d'exemple pour votre situation. Inspirez-vous de sa structure et de certains passages afin d'établir votre prière de demande de guérison personnalisée.

1. Après votre toilette ou vous être lavé les mains, allez à votre autel ou dans un lieu tranquille de votre habitation ;

2. Récitez le « Notre Père » (*page 92*) ;

3. Appelez la Vierge Marie par une formule du type « Sainte Vierge Marie, j'ai besoin de te parler, s'il te plait viens à moi » ;

4. Récitez le « Je vous salue Marie » (*page 101*) ;

5. Récitez le « Souvenez-vous » (*page 102*) ;

6. Demeurez quelques secondes en silence, puis utilisez la prière ci-dessous :

« Ma très Sainte Vierge Marie, je viens humblement à toi en ce jour, car je suis en souffrance. Et je sais que toi, ma mère, ne souhaites pas me voir dans cet état de maladie et de faiblesse. Depuis quelque temps je suis victime de maux dans le ventre. Ces maux m'empêchent de dormir. Ils me prennent à n'importe quel moment du jour et de la nuit. Lorsque ceux-ci se produisent. Il m'est impossible d'effectuer toute activité, et je dois demeurer allongé. Inquiet, je suis allé consulter un médecin et j'ai passé des examens qui ont révélé une tumeur dans ma prostate.

Chère Vierge Marie, je viens à toi car je sais que tu m'aimes. Tu es ma mère et tu souffres de me voir ainsi malade. Pose tes mains sur mon ventre, et que ton amour et ta sainte lumière pénètrent dans mes entrailles et dissolvent ce qui me cause ces douleurs.

Que tes douces mains m'ôtent la détresse qui est la mienne.

Envoie également je t'en conjure, au nom de ton fils Jésus Christ mort sur la

Croix pour nous, ta lumière de guérison tout autour et à l'intérieur de ma prostate. Que tes divins rayons libèrent, purgent, délivrent, guérissent ma prostate de toute maladie. Qu'au contact de tes divines mains toute tumeur soit dissoute. Et puisse ta sainte lumière l'emplir afin qu'elle retrouve la santé.

Sainte Vierge Marie, je place cette douleur et cette maladie entre tes mains : fais-en ce qu'il te plait. J'ai confiance en toi, ô ma Mère. Enfin, permets-moi, ô très Sainte Vierge Marie, de t'offrir ces prières et cette lumière en témoignage de ma reconnaissance et de mon amour pour toi [*récitez trois « Je vous salue Marie » (page 101) et un « Salve Regina » (page 103), puis allumez une bougie blanche verticale que vous laisserez brûler jusqu'au bout*].

Qu'il en soit ainsi. Au nom du Père, du fils et du Saint Esprit, amen ».

Priez ensuite Marie au moins une fois par semaine en reprenant le protocole préliminaire à la prière (les 6 points page précédente) pour la remercier de sa présence et de son assistance (terminez en allumant une bougie chauffe plats pour la remercier), jusqu'à ce que vous constatiez si ce n'est une guérison au moins une amélioration.

*L'amour de la Sainte Vierge guérit*

# LA PRIERE

## Pour défaire un obstacle

Beaucoup s'adressent à la Vierge Marie lorsqu'ils sont victimes d'obstacles ou de blocages. On utilise traditionnellement le terme de « nœuds ». Je vais partager ici cette prière que vous pourrez utiliser si vous vous trouvez dans une telle situation. Un « nœud » consiste en toute situation qui vous empêche d'avancer et de progresser. Quelques exemples non exhaustifs :

- Un manque de succès dans une entreprise (augmenter sa base clients, trouver un emploi, atteindre un objectif professionnel...) ;
- Une douleur ou une blessure qui empêche d'avancer (deuil, séparation, abandon, etc.) ;
- Une phobie, une peur, un traumatisme, même ancien ;
- Un manque de communication, ou une communication non harmonieuse avec une autre personne ;
- Un conflit qui empêche de résoudre un litige ou une situation ;
- Une succession d'échecs ou de revers qui indique un blocage certain pour obtenir succès et réussite ;
- Un vice ou une addiction qui empoisonne notre vie ;
- Un manque de confiance, un manque d'estime de soi ;
- Un ou des remords, regrets, culpabilités, jugements envers soi que nous portons sur nos épaules ;
- Un ressentiment, une rancune dont nous ne parvenons pas à nous libérer.

Il est difficile de rédiger une prière « fourre-tout » puisque la formulation de la demande dépend du type de nœud en cause. Je vais cependant tenter de faire au mieux afin de vous guider dans cette prière que vous pourrez adapter selon votre cas.

1. Après votre toilette ou vous être lavé les mains, allez à votre autel ou dans un lieu tranquille de votre habitation ;

2. Récitez le « Notre Père » (*page 92*) ;

3. Appelez la Vierge Marie par une formule du type « Sainte Vierge Marie, j'ai besoin de te parler, s'il te plait viens à moi » ;

4. Récitez le « Je vous salue Marie » (*page 101*) ;

5. Récitez le « Souvenez-vous » (*page 102*) ;

6. Demeurez quelques secondes en silence, puis utilisez la prière ci-dessous :

« Ma très chère Sainte Vierge Marie, toi qui es notre mère à tous,

C'est humblement que je souhaite m'entretenir avec toi, car je suis victime d'un fardeau qui me pèse et m'empêche de vivre dans la joie, l'insouciance et la lumière. Je sais qu'en qualité de mère divine tu es triste de voir tes enfants souffrir, et que tu accomplis avec cœur ta mission de nous délivrer des maux qui nous accablent dans cette vallée de larmes. Tu as toi-même connu les affres de la vie sur Terre et ses douleurs. Qui mieux que toi peut comprendre nos peines ? Qui mieux que toi peut éprouver de la compassion, de l'empathie et du réconfort lorsque nous avons du chagrin ?

Je viens vers toi ô ma mère, car je souffre. Et la raison de cette souffrance est [*expliquer en détail le nœud qui vous retient prisonnier et vous empêche d'avancer et d'être heureux*].

Je me suis impuissant face à cette situation, et quels que soient mes efforts, je ne parviens pas à m'en libérer. Les portes me semblent closes, et je peine à voir la lumière. Ce fardeau impacte mon corps, mon cœur et mon esprit, et les forces me manquent pour retrouver le chemin de la paix et de l'harmonie.

Ô ma mère, ô très Sainte Vierge Marie, prends pitié de moi et de mon désespoir. Ne permets pas que je souffre un jour de plus. Je sais que ton amour et ta lumière ont le pouvoir de dissoudre toutes les énergies négatives et tous les nœuds qui nous affectent dans notre vie. Aussi, c'est avec une foi et une confiance éclairée que je me tourne vers toi afin de solliciter ton aide.

Que ce qui me retient ligoté dans la peine et la souffrance soit dissous au contact de tes mains. Que la douceur de ton amour et la force de ta lumière purifient ce qui doit être purifié, libèrent ce qui doit être libéré, éliminent ce qui doit être éliminé, réparent ce qui doit être réparé, ouvrent ce qui est jusqu'à présent fermé.

Que là où est la peine se substitue la joie, que là où est le désarroi se substitue l'espérance, que là où ou tout semble fermé le chemin s'ouvre devant moi.

Que mon cœur soit purifié de ses tourments au contact de tes mains emplies d'amour. Que mon esprit soit lavé et purifié de toutes les pensées bloquantes ou perturbatrices. Que l'effet de ton intervention se fasse sentir dans chaque partie de mon corps, de mon cœur et de mon esprit afin que ces liens qui me retiennent enfermés dans la douleur disparaissent. Et qu'ainsi je me sente libre de nouveau.

Sainte Vierge Marie, je place ce nœud entre tes saintes mains. Aide-moi à m'en débarrasser et à m'en libérer.

Sainte Vierge Marie, je t'offre cette lumière en témoignage de ma reconnaissance et de mon amour pour toi [*récitez trois « Je vous salue Marie » (page 101) et un « Salve Regina » (page 103), puis allumez une bougie blanche verticale que vous laisserez brûler jusqu'au bout*].

Qu'il en soit ainsi. Au nom du Père, du fils et du Saint Esprit,

Amen ».


Je vous invite une fois de temps en temps après avoir récité cette prière à garder le lien avec la Sainte Vierge afin que son processus de purification et d'élimination soit continu. Il vous suffira de reprendre les six points préliminaires à la prière page précédente, puis de parler à la Vierge en lui donnant de vos nouvelles et de terminer en lui rendant hommage par une formule de type : « En ce nouveau jour, ô très Sainte Vierge Marie, je tiens à te remercier pour ton aide, ta présence et ton amour.

Conserve-moi à tes côtés et assiste-moi ».

Bien entendu, cette petite phrase est un exemple et vous pouvez vous exprimer envers elle comme vous le souhaitez. L'essentiel ici étant de maintenir votre lien avec la Sainte Vierge. Remerciez en allumant une bougie chauffe-plats.

*Marie nous aime*

# LA PRIERE

## Pour trouver l'amour

1. Après votre toilette ou vous être lavé les mains, allez à votre autel ou dans un lieu tranquille de votre habitation ;

2. Récitez le « Notre Père » (*page 92*) ;

3. Appelez la Vierge Marie par une formule du type « Sainte Vierge Marie, j'ai besoin de te parler, s'il te plait viens à moi » ;

4. Récitez le « Je vous salue Marie » (*page 101*) ;

5. Récitez le « Souvenez-vous » (*page 102*) ;

6. Demeurez quelques secondes en silence, puis utilisez la prière ci-dessous :

« Sainte Vierge Marie, ma Mère, je me présente humblement devant toi en ce jour afin de m'assister dans ma vie sentimentale. [*Exposez votre situation, à quand remonte votre précédente relation sérieuse, depuis combien de temps vous êtes célibataire, les rencontres décevantes que vous avez pu avoir depuis, etc.*]. De la même manière que durant ta vie tu as joui de l'amour de Joseph et qu'il a joui de ton amour, je désire pouvoir m'épanouir dans une relation saine avec un partenaire qui saura m'aimer et que je saurai aimer. Je ne souhaite plus demeurer seul, Sainte Vierge, et malgré les déceptions et douleurs qui ont été les miennes, je suis prêt à ouvrir mon cœur de nouveau.

Aussi, j'affirme solennellement en ce jour que je tourne le dos au passé et à ses expériences douloureuses ou décevantes, que je m'ouvre au présent et à l'avenir, et je t'affirme avec conviction être disposé à recevoir le partenaire qui correspond à mon intérêt supérieur et que tu prépares pour moi.

Ô ma Mère, si je puis te présenter ces demandes, je souhaite idéalement pour ce partenaire de bénéficier des traits suivants : [*précisez vos critères, tant physiques que concernant sa personnalité*]. Bien sûr ô ma Mère, tu sais mieux que moi le partenaire qui sera le bon, et je m'en remets à ton jugement.

Oui Sainte Vierge Marie, malgré les critères que je t'ai soumis, je m'en remets avec confiance pleinement à toi pour choisir celui/celle qui saura me rendre heureux.

Tu es le symbole de l'amour, chère Vierge Marie : l'amour que tu as ressenti pour Joseph, l'amour que tu as éprouvé pour ton fils, notre Seigneur Jésus Christ, l'amour que tu nous as conservé malgré la crucifixion de ton fils. Oui, ma mère, tu es tout amour. Et c'est pourquoi je me tourne vers toi en ce jour afin qu'à mon tour et en suivant tes pas, je sois en mesure de vivre l'amour, tant reçu que donné.

Guide mes pas, très Sainte Vierge, oriente mon regard dans la bonne direction, inspire-moi, afin que ma route croise celle du partenaire avec lequel je pourrai partager amour, bonheur, et complicité.

Et je t'en supplie ô Marie, préserve-moi des individus toxiques et néfastes, et de toute rencontre malencontreuse fondée sur le mensonge, l'intérêt et la manipulation.

Sainte Vierge Marie, je t'offre cette lumière en témoignage de ma reconnaissance et de mon amour pour toi [*récitez trois « Je vous salue Marie » (page 101) et un « Salve Regina » (page 103), puis allumez une bougie blanche verticale que vous laisserez brûler jusqu'au bout*].

Qu'il en soit ainsi. Au nom du Père, du fils et du Saint Esprit,

Amen ».


Bien entendu, le partenaire n'apparaitra pas sur votre pallier, aussi vivez votre vie, sortez, gardez les yeux (et le cœur) ouvert, utilisez au besoin les sites de rencontres si tel est votre choix, etc.

# CHAPITRE 4

# LA PRIERE SILENCIEUSE

## Présentation

La prière silencieuse est une forme méditée de la prière. Bien que le terme de méditation renvoie le lecteur aux pratiques spirituelles orientales, elle est utilisée dès les premiers siècles par des chrétiens ermites ayant opéré le choix de vivre reclus et d'offrir leurs vies à Dieu. Elle se développa aussi au sein des ordres monastiques, comme l'Ordre du Carmel, pour être aujourd'hui une pratique parfaitement intégrée à la foi catholique. Il s'agit d'une technique spirituelle efficace où le croyant, en faisant le vide et en se concentrant sur un mot divin (Dieu, Père, Christ), s'ouvre à la présence de Dieu. La prière silencieuse constitue un acte d'amour et de foi puissant, une volonté de lâcher prise permettant la communion. Elle représente un sujet à elle seule et je vous invite à lire Sainte-Thérèse d'Avila pour ceux qui souhaiteraient s'informer davantage. Je m'en vais cependant dans le cadre de cet ouvrage partager avec vous plusieurs manières d'effectuer cette prière au cours de votre vie.

Parce que la prière silencieuse est une méditation, elle nous conduit à plonger en nous pour rencontrer Dieu. N'oublions pas qu'il demeure en chacun de nous. Malheureusement, les contraintes et soucis de ce monde sont autant de distractions qui nous éloignent de sa présence. Par la pratique de cette prière nous nous recentrons et nous concentrons sur sa présence. La prière silencieuse pourrait pour certains représenter un effort, un temps pris sur nos journées au rythme si rapide. Cet effort cependant est mérité, puisque les effets de cette prière sont immenses. Ce faisant, le croyant gagne en paix intérieure, clarté, harmonie, foi, sagesse Il illumine son être de la présence divine. Elle accorde également de développer en soi des vertus, de se débarrasser de mauvais traits, d'obtenir des prises de conscience ou de nouvelles inspirations, d'augmenter certaines de nos facultés. Et bien entendu, nous pouvons nous rapprocher de Dieu.

## Éléments pratiques de la prière silencieuse

Afin de pratiquer la prière silencieuse vous aurez besoin de vous isoler dans un lieu paisible et apaisant. Votre autel spirituel peut être ce lieu, ou si vous n'en disposez pas, de tout lieu à votre domicile qui vous serve de lieu de prière ou dans lequel vous serez au calme. Comme pour toute prière, vous penserez à avoir un corps physique propre, soit par le bain soit au minimum en vous lavant les mains. Vous vous assurerez que vous ne serez pas importuné, en coupant la sonnerie de votre téléphone portable et en optant pour un moment où vous serez tranquille. Concernant la position adoptée, choisissez celle qui vous procure détente et calme : ce peut être assis sur une chaise ou un fauteuil, à même le sol sur un coussin en tailleur, à genoux, ou allongé sur votre lit. Ce qui importe est que vous n'ayez aucun inconfort pouvant générer une distraction ou une tension inutile. Bien entendu, et avant de pratiquer cette prière, vous réciterez le « Notre Père » (*page 92*). Le moment choisi varie selon le croyant et son emploi du temps. Pour certains ce sera tôt le matin, pour d'autres en début ou milieu de journée, pour les autres en soirée ou juste avant d'aller se coucher.

Il n'est pas de durée imposée pour cette prière silencieuse, le seul fait d'isoler un moment pour cette dernière est remarquable. Vous débuterez par peut-être dix minutes, puis augmenterez la durée jusqu'à trente minutes selon le temps que vous avez et votre capacité à demeurer ainsi en prière. Essayez d'être régulier dans cette pratique, aussi ne la pratiquez pas un jour de la semaine, puis la fois suivante le mois suivant. Discipline et persévérance sont la clé. Sans vous contraindre à la pratiquer chaque jour (ce qui serait extraordinaire si vous le pouvez !), tâchez d'isoler deux à trois moments dans la semaine, et d'une durée de dix minutes pour commencer jusqu'à atteindre trente minutes par session. Si vous devenez constant dans cette pratique vous observerez que vous serez naturellement conduit à la répéter. Comme un sportif développe le goût physique de l'effort du fait des endorphines, votre âme libèrera ses propres « endorphines spirituelles ».

Vous pouvez aménager votre espace de prière en utilisant de l'encens qui rendra votre environnement plaisant. Vous pouvez également allumer une ou des bougies pour créer un refuge spirituel. Evitez toute musique, même méditative, vous souhaitez être parfaitement en silence lors de cette communion avec Dieu.

## Mise en application et suggestions

Il y a de multiples manières d'utiliser la prière silencieuse. Vous pouvez y avoir recours pour éprouver la présence de Dieu, développer votre foi, vous apaiser ou vous assister, ou faire acte de pénitence. Afin d'adapter cette prière à vos besoins vous pouvez non pas prier un mot tel que « Dieu » ou « Jésus », mais une phrase. Celle-ci peut être issue de la Bible ou des Psaumes. Parce que les possibilités sont infinies, je ne pourrai pas toutes les couvrir. Je m'en vais cependant vous faire quelques suggestions. Puissent-elles vous conduire à réaliser vos propres recherches de phrases qui pourront vous servir à une occasion donnée.

### *Pour la pénitence*

Je commence par celle-ci puisque nous avons une parfaite occasion d'utiliser la Prière de Jésus (*page 105*). Si aucune visualisation n'est requise, rien ne vous empêche alors que vous récitez en boucle cette prière de visualiser le Christ. Vous pouvez, tandis que vous vous repentez, l'imaginer vous sourire, ou peut-être vous tendre les bras, ou pourquoi pas vous prendre dans ses bras. Ou peut-être imaginerez-vous la lumière dorée du Christ vous entourer et vous laver de vos fautes. Il n'y a aucune limite à ce que vous pouvez imaginer pendant que vous êtes en prière.

*Contre le stress, l'angoisse et la peur*

Utile si vous passez un examen ou un concours, si vous devez effectuer une performance ou une présentation en public (dans les Arts, en entreprise), avant un entretien d'embauche, ou rendez-vous important (social, familial, administratif, légal, sentimental). Vous pourrez utiliser par exemple la parole du Christ dans Marc 5:36 « *N'aie pas peur, crois seulement* » que vous réciterez en boucle. Ici encore, la récitation suffit, mais libre à vous d'imaginer le Christ qui vous sourit pour vous donner du courage, ou vous prend dans ses bras. Ces suggestions de visualisation ne sont pas exclusives d'autres idées que vous pourriez avoir.

*Pour pardonner*

Le verset suivant peut être employé pour nous aider à pardonner ceux qui nous ont fait du mal.

Il peut aussi être utilisé pour cesser de nourrir des sentiments négatifs tels que la colère, l'amertume, le ressentiment ou le sentiment de vengeance.

Nous allons utiliser cette parole du Christ dans Matthieu 5 :44 : « *Aimez vos ennemis, bénissez ceux qui vous maudissent, faites du bien à ceux qui vous haïssent, et priez pour ceux qui vous maltraitent et qui vous persécutent* ». Du fait de sa longueur, nous pouvons la diviser en plusieurs parties, et utiliser chacune d'elles à diverses occasions. Ainsi, lors d'une session, vous pourrez utiliser les deux premières phrases ; à l'occasion d'une autre session, vous n'utiliserez que la troisième phrase en boucle ; enfin vous utiliserez les deux dernières phrases pour une autre session. Ce ne sont que des suggestions, employez cette citation comme vous le souhaitez. Si vous n'êtes pas obligé de visualiser, vous pouvez imaginer prendre dans vos bras la personne qui vous a fait du mal, ou l'imaginer entourée de lumière divine.

Alternativement, vous pouvez pour développer votre sens du pardon utiliser cette autre parole du Christ dans Matthieu 5:7 : « *Heureux les miséricordieux, car ils obtiendront miséricorde !* ».

*Pour ouvrir son cœur*

Utile pour ouvrir son cœur aux autres ou accroître sa capacité d'amour envers autrui. Pour ce faire, nous profiterons de la parole du Christ dans Jean 13:34 : « *Aimez-vous les uns les autres; comme je vous ai aimés* ». Vous pouvez bien entendu également utiliser cette citation afin de renforcer votre aptitude à pardonner. Vous pouvez vous visualiser prendre dans les bras toutes les personnes que vous connaissez.

*Pour amoindrir une souffrance (perte, rupture, divorce, deuil, échec)*

Si nous avons conscience que particulièrement lorsque nous souffrons Dieu est à nos côtés, cela peut nous aider à surmonter l'épreuve difficile qui est la nôtre. Aussi, nous allons utiliser cette phrase du Christ dans Matthieu 5:4 : « *Heureux les affligés, car ils seront consolés !* ». Là encore, vous pouvez recourir à la visualisation en imaginant le Christ qui vous prend dans ses bras, vous entoure de son amour, ou pose une main sur votre épaule.

*Pour développer la confiance en la présence de Dieu*

Dieu est toujours présent pour nous, même lorsque nous nous sentons seuls. Souvenons-nous qu'avec Dieu à nos côtés, nous n'avons rien à craindre. Aussi, nous utiliserons la première phrase du cantique de David (psaume 23) : « *L'Éternel est mon berger, je ne manquerai de rien* ». Vous pouvez juste répéter ce verset, vous pouvez également imaginer la lumière blanche de Dieu tout autour de vous ou face à vous, et qui vous protège.

*En cas de détresse ou de désespoir*

Nous pouvons utiliser le même verset du Psaume 23 indiqué précédemment, ou encore le Psaume 18:34 : « *L'Éternel est près de ceux qui ont le cœur brisé, et il sauve ceux qui ont l'esprit dans l'abattement* ».

Vous pouvez alternativement recourir au Psaume 46:1 : « *Dieu est pour nous un refuge et un appui, un secours qui ne manque jamais dans la détresse.* ». Si cela peut vous aider à vous immerger davantage dans la prière, vous pouvez remplacer « nous » par « moi ».

*Contre le doute, pour se fortifier*

Nous pouvons recourir au premier verset du Psaume 26 (27) : « *Le Seigneur est ma lumière et mon salut ; de qui aurais-je crainte ?* ». Vous pourrez une autre fois utiliser toujours la suite de ce même verset : « *Le Seigneur est le rempart de ma vie ; devant qui tremblerais-je ?* ».

*Pour obtenir le pardon de Dieu*

Là encore, le « Notre Père » nous aide. Vous pouvez utiliser « Pardonne-nous nos offenses ». Vous pouvez remplacer « nous » par « moi ».

*Pour lutter contre la tentation et les forces du mal*

Nous utiliserons le verset traditionnel du « Notre Père » : « *Ne nous soumets pas à la tentation, mais délivre-nous du mal* ». Vous pouvez changer le « nous » en « me » si cela peut vous aider.

*Pour nourrir son amour et son lien avec Dieu, éprouver sa présence*

Les possibilités sont infinies. Vous pouvez juste réciter une parole au choix : « Dieu », « Mon Dieu », « Dieu tout puissant », « Jésus », ou « Jésus Christ » en boucle, avec ou sans visualisation.

Vous pouvez réciter un verset du « Notre Père » pour exprimer votre adoration à Dieu, par exemple « *Notre Père qui es aux Cieux, que ton nom soit sanctifié* ».

Vous pouvez réciter toute phrase d'amour et de dévotion envers Dieu ou le Christ, par exemple : « *Je t'aime mon Dieu* », « *Je t'aime Jésus* ».

LA PRIERE

Vous pouvez réciter *« Dieu, fais-moi éprouver ton amour »*, *« Jésus, manifeste-toi dans ma vie »*, *« Sauve-moi, ô mon Dieu »*, *« Sauve-moi, Seigneur Jésus »*, *« Ouvre-moi le chemin, Jésus »*, *« Guide mes pas, Seigneur »* etc.

Vous l'avez compris, les possibilités sont infinies. Explorez, expérimentez, développez ainsi votre lien d'amour et de foi avec Dieu et le Christ, et faites-le dans l'excitation et la joie d'un enfant !

*Jeune homme en prière silencieuse*

# LA PRIERE

*« Venez à moi, vous tous qui êtes fatigués et chargés,*

*Et je vous donnerai du repos »*

(Matthieu 11:28)

LA PRIERE

# PARTIE VI

# LA NEUVAINE ET LE ROSAIRE

*« Celui d'entre vous qui est sans péché,*

*Qu'il soit le premier à lui jeter une pierre. »*

(Jean 8:7)

## CHAPITRE 1
# LA NEUVAINE

La neuvaine – du latin *novem*, neuf - est une forme de prière particulière qui trouve son essor durant la période du Moyen-Âge lorsque les églises commencèrent à célébrer des neuvaines de messes dans le but de célébrer un saint et de demander son intercession auprès de Dieu. S'en suivent les neuvaines de prières qui se sont développées, car très appréciées des croyants.

La neuvaine est une pratique importante du dogme catholique, et nous pouvons y voir un écho aux neuf jours de prières de la Vierge Marie et des Apôtres entre l'Ascension et la Pentecôte. La neuvaine peut être aussi simple ou complexe que vous le désirez. C'est toute la beauté de cette prière qui peut s'adapter à vos souhaits.

Cette prière sur neuf jours est un acte spirituel fort visant à consolider la foi et l'amour du croyant envers Dieu. Elle peut être utilisée également pour solliciter l'intercession des saints et anges auprès de Dieu.

La neuvaine mérite un livre dédié, et il n'est pas exclu que j'écrive à l'avenir sur le sujet. Pour autant, je ne souhaitais pas que le présent ouvrage ignore cette importante forme de prière. Aussi, je vais vous soumettre un modèle de neuvaine simple mais très efficace. C'est ce protocole qui a permis à ceux de mes clients qui la pratiquèrent d'obtenir une grâce. Il existe plusieurs catégories de neuvaines :

*La neuvaine de deuil* pour le repos d'un mort et qui peut être utilisée pour faciliter l'élévation du défunt, ou encore donner du courage aux vivants après une telle perte. Typiquement, cette neuvaine sera adressée à Dieu, au Christ, ou à la Vierge Marie ;

*La neuvaine d'assistance* qui est la plus populaire et où le croyant s'adresse au Christ, à un saint ou à un ange pour intercéder auprès de Dieu ;

*La neuvaine de confession* pratiquée pour obtenir le pardon de ses péchés. Adressées à Dieu ou au Christ ;

*Les neuvaines de préparation ou d'événements* qui visent à préparer spirituellement le croyant pour un moment spirituel particulier et qui peuvent être adressées à Dieu, au Christ, à Marie.

Si vous souhaitez n'adresser vos neuvaines qu'à Dieu, rien ne vous en empêche. Pour chacune de celles de ce livre, vous aurez besoin :

1. D'un espace dédié. Logiquement, votre autel spirituel. Si vous n'en avez pas, un lieu choisi de votre habitation et qui sera identique sur les neuf jours ;
2. D'une image du Christ si vous n'avez pas d'autel spirituel. Si vous avez un autel, par définition vous disposez déjà d'une telle représentation divine ;
3. D'une bougie neuvaine blanche simple ;
4. De huit bougies blanches verticales.

Je m'en vais partager trois catégories de neuvaine : une de deuil, une de confession, une d'assistance. Ce dispositif est celui que vous pourrez utiliser pour toutes vos neuvaines, quel que soit leur objet.

Un point important que je tiens à préciser : si possible, *pratiquez chaque jour la prière de neuvaine à la même heure*. Si vous commencez la neuvaine un jour à 10h du matin, priez les huit jours suivants à 10h du matin également. Il est donc judicieux que vous réfléchissiez en amont afin d'être certain de pouvoir prier durant neuf jours à heure fixe. Si *vraiment* il vous est impossible de définir ce moment sur neuf jours du fait de contingences personnelles, priez quand vous le pouvez durant ces neuf jours, mais n'en manquez aucun !

LA PRIERE

## 1. Neuvaine de deuil à Dieu, au Christ, et à la Vierge Marie

Cette neuvaine est à effectuer à la suite de la perte d'un proche auquel vous étiez attaché, tel un membre de votre famille ou un ami, voire pourquoi pas un animal de compagnie.

Vous commencerez cette neuvaine le jour du décès ou les premiers jours qui suivent. Il est une résonance particulière du chiffre neuf pour ce type de neuvaine si nous nous souvenons de la mort du Christ : « *Et vers la neuvième heure, Jésus s'écria d'une voix forte : Éli, Éli, lama sabachthani ? C'est-à-dire : Mon Dieu, mon Dieu, pourquoi m'as-tu abandonné ?* » (Matthieu 27:46).

## JOUR 1

1. Après votre toilette ou vous être lavé les mains, allez à votre autel ou dans un lieu tranquille de votre habitation ;

2. Si vous n'avez pas d'autel, placez une représentation du Christ ;

Cette représentation peut être une statuette, une carte postale ou plastifiée, une petite médaille, ou une image en couleur imprimée d'internet (« image Jésus Christ ») et placée dans un cadre que vous poserez sur une petite table ou étagère si vous n'avez pas d'autel.

3. Sous la représentation du Christ ou à côté de lui, placez la bougie de neuvaine blanche. Allumez-la ;

4. Agenouillez-vous, ou asseyez-vous selon la configuration de votre espace de prière, et récitez le « Notre Père » (*page 92*) ;

5. Récitez ensuite le « Credo » (*page 94*) ;

Cette prochaine étape est celle par laquelle vous allez initier votre discussion avec Dieu. Commencez toujours vos neuvaines en indiquant explicitement votre intention, c'est à dire la raison pour laquelle vous effectuez cette neuvaine. Par exemple :

« Ô Seigneur, Père tout-puissant, moi [*indiquez votre prénom et nom*] me présente en ce jour humblement devant toi, car [*indiquez le prénom et nom du défunt*], [*indiquez le lien affectif du défunt avec vous : mon père, ma mère, mon frère, mon ami, mon chien...*] a quitté ce monde. Ma douleur est grande, mais je t'offre ces prières pour le bénéfice de son âme, et en témoignage de mon amour pour lui ».

La phase suivante consiste en votre discussion avec Dieu. Exprimez-vous librement, parlez-lui comme vous parleriez à une personne que vous aimez. L'idée principale lors d'une prière pour un mort est de demander le pardon de ses péchés (pour les humains décédés uniquement, pas les animaux) et le repos de l'âme. Pour vous assister, je vous livre ce modèle que vous pouvez reprendre tel quel ou à des fins d'inspirations :

« Dieu tout-puissant, dans ta grande miséricorde prends pitié de [*prénom et nom du défunt*]. Au nom de ton fils Jésus Christ, permets-lui de pouvoir regagner les Cieux et de bénéficier du repos et de la paix de son âme. Accorde-lui le pardon de tous ses péchés commis durant son incarnation sur Terre en paroles, pensées, actions et omissions. »

[*Vous pouvez ensuite personnaliser cette prière au regard de la vie du décédé avant son trépas. Pour faire simple, plaidez pour le défunt afin qu'il soit remis de ses péchés et qu'il lui soit accordé de rejoindre les Cieux. Quelques exemples pour vous faire comprendre et vous permettre d'individualiser vos prières*] :

« Pierre Autin était un homme bon. Il a toujours pris soin de moi et de mes frères. Il nous a appris l'éthique, la responsabilité, la gentillesse. Il avait lui-même le cœur sur la main et n'a jamais refusé son aide. Oui, il lui arrivait parfois de s'emporter Seigneur, mais qui est parfait en ce monde ? Il a sans doute commis des erreurs durant sa vie, mais il était profondément un homme bon, etc. ».

« Jean Ledoux, Père tout puissant, était sévère. Il n'a pas toujours été bon avec moi, et m'a blessé plusieurs fois. Il avait ce côté tranchant qui pouvait le rendre antipathique, et il est vrai qu'il pensait plus souvent à lui qu'aux autres. Mais Père, Dieu tout puissant, qui est parfait dans ce monde ? Je sais que si Jean Ledoux se comportait ainsi c'est parce qu'il souffrait et qu'il n'a peut-être pas saisi toutes les opportunités de cette vie pour apprendre et s'améliorer. Je t'en prie, mon Dieu, pardonne-lui ses fautes durant sa vie et accueille-le dans ta Maison, etc. ».

« Nicole Gert a souffert de dépendance à l'alcool, Père, et je sais que cela a engendré en elle des agissements qui violent tes Lois. Elle s'emportait et a blessé de nombreuses personnes autour d'elle durant sa vie, moi inclus. Mais elle n'avait pas un mauvais cœur, et son comportement était le signe d'une grande détresse et d'une paix qu'elle n'a jamais pu trouver sur Terre. Accorde-lui, ô mon Dieu, de pouvoir désormais enfin jouir de cette paix au sein de ton Royaume, etc. ».

Vous avez compris l'idée. Vous pouvez vous inspirer de ces exemples pour plaider auprès de Dieu au regard de votre situation avec le défunt et de ce qu'a été sa vie. J'ai volontairement choisi un cas d'une personne défunte bienveillante et d'autres aux comportements plus discutables, car j'ai conscience que toutes les décédées n'étaient pas dénués de défauts, certains pouvant être majeurs.

6. Adressez-vous ensuite à la Vierge Marie :

Récitez le « Je vous salue Marie » (*page 101*) ;

Récitez le « Memorare » (*page 102*), puis le « Salve Regina » (*page 103*) ;

Récitez cette prière :

« Ô Sainte Vierge Marie, Reine des Cieux, Reine des anges, envoie le bel Archange Saint Michel et tous tes anges auprès de [*prénom et nom du défunt*] afin qu'ils l'escortent aux Cieux. Ne le laisse pas en proie à l'obscurité ou à la peur. Vole à son secours comme la mère que tu es pour nous tous, et donc pour [*prénom et nom du défunt*]. Apaise ses peurs et ses tourments, entoure-le de ta lumière qui réconforte et ouvre-lui lui la voie vers la maison du Seigneur. Je te remercie ô ma mère, ô, Sainte Vierge ! ».

7. Adressez-vous ensuite au Christ :

« Ô Seigneur Jésus Christ, tu es le chemin, la vérité et la vie. Je t'en prie, accorde la vie éternelle à [*prénom et nom du défunt*]. Pardonne-lui ses péchés commis durant son existence en paroles, pensées, actions et omissions. Accorde-lu le repos de son âme et de bénéficier de ta resplendissante présence afin qu'il ne soit désormais entouré que de lumière et d'amour inconditionnel ».

8. Adressez-vous de nouveau à Dieu :

« Ô Dieu tout puissant, puisse la récitation de ce psaume bénéficier à [*prénom et nom du défunt*], lui octroyer l'élévation de son âme et le repos éternel qu'il mérite, entouré de toi, de ton fils Jésus Christ, de la Sainte Vierge Marie, et de tes anges ».

[*Psaume 23*] : « L'Éternel est mon berger : je ne manquerai de rien.

Il me fait reposer dans de verts pâturages, il me dirige près des eaux paisibles.

Il restaure mon âme, il me conduit dans les sentiers de la justice, à cause de son nom.

Quand je marche dans la vallée de l'ombre de la mort, je ne crains aucun mal, car tu es avec moi : ta houlette et ton bâton me rassurent.

Tu dresses devant moi une table, en face de mes adversaires ; tu oins d'huile ma tête, et ma coupe déborde.

Oui, le bonheur et la grâce m'accompagneront tous les jours de ma vie, et j'habiterai dans la maison de l'Éternel jusqu'à la fin de mes jours. ».

9. Enfin, si vous avez des mots pour le défunt c'est le moment de les lui adresser. Trois axes principaux durant cette discussion :

- *Tout d'abord, enjoignez le défunt à se monter aux Cieux.* Dites-lui qu'il ne reste pas ici-bas, mais qu'il appelle Dieu et demande à entrer aux firmaments. Beaucoup d'âmes, du fait de la confusion résultant de leur trépas, peuvent errer un certain temps sur Terre et ainsi se priver de leur élévation. Qui plus est, la douleur des vivants ne les aide pas à s'élever, mais au contraire les maintient davantage liés à notre plan d'existence.

- *Ensuite, c'est le moment de pardonner le défunt.* Particulièrement si vous avez eu des conflits avec ce dernier ou s'il vous a blessé et ne s'est pas toujours bien comporté envers vous. Les remords et la culpabilité sont des sentiments que continuent d'éprouver les disparus, et ces sentiments sont autant d'obstacles à la paix de leur âme et à leur développement. Leur témoigner notre pardon est d'une efficacité redoutable pour les libérer de notre plan d'existence.

- *Enfin, exprimez votre amour au défunt.* Votre amour manifesté (au même titre que votre pardon) est un puissant moteur qui facilite l'accès aux Cieux de l'âme du défunt.

Vous pouvez si vous le souhaitez terminer en lui offrant une bougie blanche verticale en utilisant une formule du type :

« En témoignage de mon amour pour toi, et pour assister ton élévation je t'offre cette lumière [*prénom et nom du défunt*]. Puisse-t-elle réchauffer ton âme et illuminer ta route vers les Cieux ».

Puis allumez la bougie verticale que vous laisserez brûler.

# JOUR 2-JOUR 9

Pour ces huit derniers jours, nous allons utiliser le même protocole. Cela n'affectera pas l'efficacité de votre neuvaine puisque ce qui importe est votre engagement et dévotion sincères lors de ces prières.

1. Après avoir fait votre toilette ou vous être lavé les mains, allez à votre autel ou dans l'endroit choisi pour le premier jour de la neuvaine ;

2. Agenouillez-vous (ou asseyez-vous selon la configuration de votre espace de prière) et commencez par réciter le « Notre Père » en ouverture (*page 92*) ;

3. Récitez ensuite le « Credo » (*page 94*) ;

4. Adressez-vous à Dieu :

« Ô Dieu tout puissant, en ce nouveau jour de reviens humblement vers toi afin de solliciter de toute l'ardeur de mon cœur et de mon âme, et au nom de ton fils Jésus Christ, que tu pardonnes à [*prénom et nom du défunt*] ses innombrables péchés commis durant sa vie en paroles, pensées, actions et omissions. Exerce à son encontre ta miséricorde, ô mon Dieu, et permets-lui de rejoindre ta maison. Qu'il soit donné à [*prénom et nom du défunt*] de pouvoir se reposer dans ton saint Royaume, loin de tout mal, de tout danger et de tout chagrin. ».

5. Adressez-vous ensuite à la Vierge Marie :

Récitez le « Je vous salue Marie » (*page 101*) ;

Récitez le « Memorare » (*page 102*) ;

Récitez le « Salve Regina » (*page 103*) ;

Récitez cette prière :

« Ô Sainte Vierge Marie, Reine des Cieux, enveloppe de ta douce lumière [*prénom et nom du défunt*]. Ne le laisse pas en proie à l'obscurité ou à la peur. Entoure [*prénom et nom du défunt*] de ton amour qui réconforte. Éloigne de lui toute peur et toute peine. Apaise-le, prends-le dans tes bras et montre-lui la voie des Cieux. Je te remercie ô ma mère, ô Sainte Vierge Marie ! ».

6. Adressez-vous ensuite au Christ :

« Ô Seigneur Jésus Christ, Christ miséricordieux, tu n'as eu de cesse durant ta vie de prodiguer ton pardon auprès des pécheurs. [*Prénom et nom du défunt*] a péché durant son existence, et je te demande, ô mon doux Jésus, dans ta grande et infinie miséricorde, de lui accorder ce même pardon pour toutes les fautes qu'il a commises à l'occasion de sa vie sur Terre. Que ton Cœur Sacré lui accorde la paix qu'il mérite et lui prépare une place dans ton Royaume et à ta table. Puisse-t-il être assuré de pouvoir jouir de ton amour inconditionnel et de ta sainte lumière. Toi qui es la Résurrection et la Vie, accorde-lui la vie éternelle et la paix de l'âme ».

7. Adressez-vous de nouveau à Dieu :

« Ô Dieu tout puissant, puisse la récitation de ce psaume bénéficier à [*prénom et nom du défunt*], lui accorder l'élévation de son âme et le repos éternel qu'il mérite, entouré de toi, de ton fils Jésus Christ, de la Sainte Vierge Marie et de tes anges » :

« L'Éternel est mon berger : je ne manquerai de rien.

Il me fait reposer dans de verts pâturages, il me dirige près des eaux paisibles.

Il restaure mon âme, il me conduit dans les sentiers de la justice, à cause de son nom.

Quand je marche dans la vallée de l'ombre de la mort, je ne crains aucun mal, car tu es avec moi : ta houlette et ton bâton me rassurent.

Tu dresses devant moi une table, en face de mes adversaires ; tu oins d'huile ma tête, et ma coupe déborde.

Oui, le bonheur et la grâce m'accompagneront tous les jours de ma vie, et j'habiterai dans la maison de l'Éternel jusqu'à la fin de mes jours. » (Psaume 23).

8. Terminez ensuite par une petite discussion personnelle avec le défunt :

Exprimez votre amour pour le disparu, tout ce que vous auriez aimé lui dire de votre vivant et que peut-être vous n'avez jamais osé. Laissez parler votre cœur, mais sans cesse dans l'optique qu'il s'élève vers les Cieux. Ne soyez pas dans la complainte qui bloquerait l'élévation de son âme. Au contraire, indiquez que *vous voulez qu'il rejoigne les Cieux*, qu'il ne doit pas s'inquiéter pour ceux qui sont toujours ici-bas, et que désormais il doit regagner la Maison de Dieu. Vous pouvez préciser que ceci n'est qu'un au revoir, et que vous savez qu'un jour vous serez de nouveau réunis dans la paix et la lumière de Dieu. Terminez par les mots suivants : « En témoignage de mon amour pour toi et pour assister ton élévation je t'offre cette lumière, cher [*prénom et nom du défunt*]. Puisse-t-elle réchauffer ton âme et illuminer ta route vers les Cieux ».

9. Enfin, allumez la bougie verticale blanche en témoignage de votre amour pour le défunt.

## 2. Neuvaine de pénitence auprès de Dieu

Cette neuvaine est à effectuer pour demander à Dieu le pardon de nos fautes lorsque nous avons conscience de nous être sensiblement écartés des Lois divines. Nous allons utiliser certains Psaumes de David, particulièrement les « *Sept psaumes de la pénitence* ». Une neuvaine comprend neuf jours, donc vous réciterez un psaume par jour, et pour les deux derniers jours (jours huit et neuf) vous réciterez l'intégralité des sept psaumes. J'indique pour chaque jour le psaume à réciter, selon la nomenclature reprise par Pierre Téqui. Une numérotation alternative sera placée entre parenthèses lorsqu'elle existe. Pour cette neuvaine, vous aurez besoin d'une bougie neuvaine blanche et de huit bougies verticales blanches.

# JOUR 1

1. Après votre toilette ou vous être lavé les mains, allez à votre autel ou trouvez un endroit tranquille à votre domicile et qui sera identique sur toute la durée de la neuvaine ;

2. Placez une représentation du Christ si vous n'avez pas d'autel (votre autel typiquement en comprend une). Cette représentation constitue votre lien pour vous adresser à Dieu ;

Ce peut être une statuette, une carte postale ou plastifiée, une petite médaille, une image du Christ en couleur sur internet imprimée et placée dans un cadre posé sur une petite table ou étagère si vous n'avez pas d'autel.

3. Placez sous la représentation du Christ la bougie de neuvaine. Allumez-la ;

4. Agenouillez-vous et commencez par réciter le « Notre Père » en ouverture (*page 92*) ;

5. Récitez ensuite le « Confiteor » (*page 96*) ;

6. Récitez le Psaume 6 :

*« Éternel ! ne me punis pas dans ta colère, et ne me châtie pas dans ta fureur.*

*Aie pitié de moi, Éternel ! car je suis sans force ; guéris-moi, Éternel ! car mes os sont tremblants.*

*Mon âme est toute troublée ; Et toi, Éternel ! jusques à quand ?...*

*Reviens, Éternel ! délivre mon âme ; sauve-moi, à cause de ta miséricorde.*

*Car celui qui meurt n'a plus ton souvenir ; qui te louera dans le séjour des morts ?*

*Je m'épuise à force de gémir ; chaque nuit ma couche est baignée de mes larmes, mon lit est arrosé de mes pleurs.*

*J'ai le visage usé par le chagrin ; tous ceux qui me persécutent le font vieillir.*

*Éloignez-vous de moi, vous tous qui faites le mal ! Car l'Éternel entend la voix de mes larmes ;*

*L'Éternel exauce mes supplications, L'Éternel accueille ma prière.*

*Tous mes ennemis sont confondus, saisis d'épouvante ; ils reculent, soudain couverts de honte. ».*

Parlez à Dieu, exprimez-lui la raison de cette neuvaine en indiquant si vous lui demandez le pardon général de vos péchés passés vie commis en paroles, pensées, actions et omissions, ou si vous sollicitez le pardon d'un comportement précis. Vous pouvez réciter la prière ci-dessous ou vous en inspirer.

Pour une requête de rémission générale :

« Ô Dieu tout puissant, moi [*votre prénom et nom*], viens humblement, agenouillé devant toi pour solliciter, au nom de ton fils Jésus Christ, de me pardonner les innombrables péchés dont je me suis rendu coupable durant ma vie en paroles, pensées, actions et omissions.

Père, bien qu'étant issu de toi, je n'ai pas ta perfection infinie, je ne suis qu'un être humain pris dans les tourments de cette existence. J'essaie de faire du mieux que je le peux Père, je tâche de suivre au plus près tes Commandements. Mais je suis faillible.

Si je suis au fait aujourd'hui de tes Lois, cela n'a pas toujours été le cas. Avant de développer ma conscience spirituelle telle qu'elle est aujourd'hui, je me contentais de vivre ma vie d'être humain. L'absence de conscience m'a conduit à m'écarter à de multiples reprises de tes Lois et de tes Commandements.

Je ne peux revenir en arrière, Seigneur, je ne peux réparer les fautes commises, mais je peux m'engager à ne plus les reproduire, à m'améliorer chaque jour, et à suivre au plus près tes ordonnances. Et c'est la promesse que je fais ! En attendant, je te supplie, ô mon Dieu, et au nom de ton fils Jésus Christ qui s'est sacrifié sur la Croix pour la rémission de nos péchés, de m'octroyer ton pardon et la rémission de mes péchés.

Prends pitié de moi, Père, ne me punis pas dans ta colère, accorde-moi ton pardon, et conserve-moi ton amour et ta protection.

Dieu éternel, préserve-moi du malin et de ses acolytes. Que leurs attaques et tentations soient vaines, et que je puisse désormais diffuser ta lumière chaque jour de ma vie. Merci, ô mon Père, Dieu tout puissant.

Gloire au Père, au Fils et au Saint-Esprit, comme il était au commencement, maintenant et toujours dans les siècles des siècles ! Amen ».

7. Récitez le « Gloria In Excelsis Deo » (*page 98*).

8. Adressez-vous au Christ en utilisant sa prière que vous réciterez autant de fois que désiré : « Jésus Christ, fils de Dieu, prends pitié de moi, pauvre pécheur ».

Pour une demande de pardon précise :

« Ô Dieu tout puissant, moi [*votre prénom et nom*], viens humblement, agenouillé devant toi pour te demander, au nom de ton fils Jésus Christ, de me pardonner pour le comportement que j'ai eu à cette occasion [*expliquer en détail la situation, et ce pour quoi vous souhaitez être pardonné*].

Je réalise maintenant que ce comportement est non seulement indigne de moi, mais plus encore indigne au regard de tes Lois et de tes Commandements. Et je veux aujourd'hui t'exprimer ma sincère repentance.

Je t'en supplie, ô mon Dieu, prends pitié de moi, ne me punis pas dans ta colère, ne détourne pas de moi ta face, ne me refuse pas ton amour et ta présence, accorde-moi la rémission de ce péché !

Je m'engage à apprendre de cette expérience afin que plus jamais je ne sois ainsi otage des forces du mal. Je prends acte de mon imperfection, et te manifeste mon objectif de devenir meilleur afin qu'à l'avenir je ne réponde pas à la négativité ou à la difficulté par la méchanceté, et qu'ainsi je resplendisse ta lumière et te rende davantage fier de moi.

Je te remercie, ô mon Dieu !

Gloire au Père, au Fils et au Saint-Esprit, comme il était au commencement, maintenant et toujours dans les siècles des siècles !

Amen ».

7. Récitez le Gloria In Excelsis Deo (*page 98*).
8. Adressez-vous au Christ en récitant sa prière autant de fois que désirée : « Jésus Christ, fils de Dieu, prends pitié de moi, pauvre pécheur ».

## JOUR 2

1. Après votre toilette ou vous être lavé les mains, allez à votre autel ou là où vous avez placé la bougie neuvaine et prié le jour 1 ;

2. Agenouillez-vous (ou asseyez-vous selon la configuration de votre espace de prière), et commencez par réciter le « Notre Père » en ouverture (*page 92*) ;

3. Récitez ensuite le « Confiteor » (*page 96*) ;

4. Récitez le Psaume 32 (31) :

*« Heureux l'homme dont la faute est enlevée, et le péché remis !*

*Heureux l'homme dont le Seigneur ne retient pas l'offense, dont l'esprit est sans fraude !*

*Je me taisais et mes forces s'épuisaient à gémir tout le jour :*

*Ta main, le jour et la nuit, pesait sur moi ; ma vigueur se desséchait comme l'herbe en été.*

*Je t'ai fait connaître ma faute, je n'ai pas caché mes torts. J'ai dit : « Je rendrai grâce au Seigneur en confessant mes péchés. » Et toi, tu as enlevé l'offense de ma faute.*

*Ainsi, chacun des tiens te priera aux heures décisives ; même les eaux qui débordent ne peuvent l'atteindre.*

*Tu es un refuge pour moi, mon abri dans la détresse ; de chants de délivrance, tu m'as entouré.*

*« Je vais t'instruire, te montrer la route à suivre, te conseiller, veiller sur toi.*

*N'imite pas les mules et les chevaux qui ne comprennent pas, qu'il faut mater par la bride et le mors, et rien ne t'arrivera. »*

*Pour le méchant, douleurs sans nombre ; mais l'amour du Seigneur entourera ceux qui comptent sur lui.*

*Que le Seigneur soit votre joie ! Exultez, hommes justes ! Hommes droits, chantez votre allégresse ! ».*

Adressez-vous brièvement à Dieu en demandant le pardon de vos fautes (pénitence générale), ou de la faute spécifique pour laquelle vous souhaitez être pardonné (pénitence sur un péché). Vous pouvez bien sûr reprendre en entier les prières du jour 1, mais vous pouvez aussi seulement adresser par une phrase courte votre requête de rémission.

5. Récitez le « Gloria In Excelsis Deo » (*page 98*) ;

6. Parlez ensuite au Christ en utilisant sa prière que vous réciterez autant de fois que vous le désirez : « Jésus Christ, fils de Dieu, prends pitié de moi, pauvre pécheur » ;

7. Terminez en disant : « Dieu tout puissant, en témoignage de mon amour pour toi et de ma sincère repentance, je t'offre cette lumière ». Puis allumez la bougie blanche verticale que vous laisserez brûler intégralement.

# JOUR 3

1. Après votre toilette ou vous être lavé les mains, allez à votre autel ou là où vous avez mis la bougie neuvaine et prié les jours précédents ;

2. Agenouillez-vous (ou asseyez-vous selon la configuration de votre espace de prière), et commencez par réciter le « Notre Père » en ouverture (*page 92*) ;

3. Récitez ensuite le « Confiteor » (*page 96*) ;

4. Récitez le Psaume 38 (37) :

« *Seigneur, corrige-moi sans colère et reprends-moi sans violence.*

*Tes flèches m'ont frappé, ta main s'est abattue sur moi.*

*Rien n'est sain dans ma chair sous ta fureur, rien d'intact en mes os depuis ma faute.*

*Oui, mes péchés me submergent, leur poids trop pesant m'écrase.*

*Mes plaies sont puanteur et pourriture : c'est là le prix de ma folie.*

*Accablé, prostré, à bout de forces, tout le jour j'avance dans le noir.*

*La fièvre m'envahit jusqu'aux moelles, plus rien n'est sain dans ma chair.*

*Brisé, écrasé, à bout de forces, mon cœur gronde et rugit.*

*Seigneur, tout mon désir est devant toi, et rien de ma plainte ne t'échappe.*

*Le cœur me bat, ma force m'abandonne, et même la lumière de mes yeux.*

*Amis et compagnons se tiennent à distance, et mes proches, à l'écart de mon mal.*

*Ceux qui veulent ma perte me talonnent, ces gens qui cherchent mon malheur ; ils prononcent des paroles maléfiques, tout le jour ils ruminent leur traîtrise.*

*Moi, comme un sourd, je n'entends rien, comme un muet, je n'ouvre pas la bouche,*

*Pareil à celui qui n'entend pas, qui n'a pas de réplique à la bouche.*

*C'est toi que j'espère, Seigneur : Seigneur mon Dieu, toi, tu répondras.*

*J'ai dit : « Qu'ils ne triomphent pas, ceux qui rient de moi quand je trébuche ! »*

*Et maintenant, je suis près de tomber, ma douleur est toujours devant moi.*

*Oui, j'avoue mon péché, je m'effraie de ma faute.*

*Mes ennemis sont forts et vigoureux, ils sont nombreux à m'en vouloir injustement.*

*Ils me rendent le mal pour le bien ; quand je cherche le bien, ils m'accusent.*

*Ne m'abandonne jamais, Seigneur, mon Dieu, ne sois pas loin de moi.*

*Viens vite à mon aide, Seigneur, mon salut ! »*

Adressez-vous brièvement à Dieu en demandant le pardon de vos fautes (pénitence générale), ou de la faute spécifique pour laquelle vous souhaitez être pardonné (pénitence sur un péché). Vous pouvez bien sûr reprendre intégralement les prières du jour 1, mais vous pouvez aussi juste adresser par une phrase courte votre requête de rémission.

5. Récitez le « Gloria In Excelsis Deo » (*page 98*) ;

6. Parlez-vous ensuite au Christ en utilisant sa prière que vous réciterez autant de fois que vous le désirez : « Jésus Christ, fils de Dieu, prends pitié de moi, pauvre pécheur » ;

7. Terminez en disant : « Dieu tout puissant, en témoignage de mon amour pour toi et de ma sincère repentance, je t'offre cette lumière ». Puis allumez la bougie verticale blanche.

## JOUR 4

1. Après votre toilette ou vous être lavé les mains, allez à votre autel ou là où vous avez mis la bougie neuvaine et prié les jours précédents ;

2. Agenouillez-vous (ou asseyez-vous selon la configuration de votre espace de prière), et commencez par réciter le « Notre Père » en ouverture (*page 92*) ;

3. Récitez ensuite le « Confiteor » (*page 96*) ;

4. Récitez le Psaume 51 (50) :

« *Prends pitié de moi, de moi, Seigneur, selon ta grande miséricorde :*

*Et dans l'immensité de ta clémence, daigne effacer mon péché.*

*Oui, je connais mon péché, ma faute est toujours devant moi.*

*Contre toi, et toi seul, j'ai péché, ce qui est mal à tes yeux, je l'ai fait. Ainsi, tu peux parler et montrer ta justice, être juge et montrer ta victoire.*

*Moi, je suis né dans la faute, j'étais pécheur dès le sein de ma mère.*

*Mais tu veux au fond de moi la vérité ; dans le secret, tu m'apprends la sagesse.*

*Purifie-moi avec l'hysope, et je serai pur ; lave-moi et je serai blanc, plus que la neige.*

*Fais que j'entende les chants et la fête : ils danseront, les os que tu broyais.*

*Détourne ta face de mes fautes, enlève tous mes péchés.*

*Crée en moi un cœur pur, ô mon Dieu, renouvelle et raffermis au fond de moi mon esprit.*

*Ne me chasse pas loin de ta face, ne me reprends pas ton Esprit-saint.*

*Rends-moi la joie d'être sauvé ; que l'esprit généreux me soutienne.*

*Aux pécheurs, j'enseignerai tes chemins ; vers toi reviendront les égarés.*

*Libère-moi du sang versé, Dieu, mon Dieu sauveur, et ma langue acclamera ta justice.*

*Seigneur, ouvre mes lèvres, et ma bouche annoncera ta louange.*

*Si j'offre un sacrifice, tu n'en veux pas, tu n'acceptes pas d'holocauste.*

*Le sacrifice qui plaît à Dieu, c'est un esprit brisé ; tu ne repousses pas, ô mon Dieu, un cœur brisé et broyé.*

*Accorde à Sion le bonheur, relève les murs de Jérusalem.*

*Alors tu accepteras de justes sacrifices, oblations et holocaustes ; alors on offrira des taureaux sur ton autel. »*


Adressez-vous brièvement à Dieu en demandant le pardon de vos fautes (pénitence générale), ou de la faute spécifique pour laquelle vous souhaitez être pardonné (pénitence sur un péché). Vous pouvez bien sur reprendre intégralement les prières du jour 1, mais vous pouvez aussi juste adresser par une phrase courte votre requête de rémission.


5. Récitez le « Gloria In Excelsis Deo » (*page 98*) ;

6. Parlez ensuite au Christ en utilisant sa prière que vous réciterez autant de fois que vous le désirez : « Jésus Christ, fils de Dieu, prends pitié de moi, pauvre pécheur » ;

7. Terminez en disant : « Dieu tout puissant, en témoignage de mon amour pour toi et de ma sincère repentance, je t'offre cette lumière ». Puis allumez la bougie verticale blanche.

# JOUR 5

1. Après votre toilette ou vous être lavé les mains, allez à votre autel ou là où vous avez mis la bougie neuvaine et prié les jours précédents ;

2. Agenouillez-vous (ou asseyez-vous selon la configuration de votre espace de prière), et commencez par réciter le « Notre Père » en ouverture (*page 92*) ;

3. Récitez ensuite le « Confiteor » (*page 96*) ;

4. Récitez le Psaume 102 (101) :

*« Seigneur, entends ma prière que mon cri parvienne jusqu'à toi !*

*Ne me cache pas ton visage le jour où je suis en détresse ! Le jour où j'appelle, écoute-moi ; viens vite, réponds-moi !*

*Mes jours s'en vont en fumée, mes os comme un brasier sont en feu ; mon cœur se dessèche comme l'herbe fauchée, j'oublie de manger mon pain ;*

*À force de crier ma plainte, ma peau colle à mes os.*

*Je ressemble au corbeau du désert, je suis pareil à la hulotte des ruines : je veille la nuit, comme un oiseau solitaire sur un toit.*

*Le jour, mes ennemis m'outragent ; dans leur rage contre moi, ils me maudissent.*

*La cendre est le pain que je mange, je mêle à ma boisson mes larmes.*

*Dans ton indignation, dans ta colère, tu m'as saisi et rejeté : l'ombre gagne sur mes jours, et moi, je me dessèche comme l'herbe.*

*Mais toi, Seigneur, tu es là pour toujours ; d'âge en âge on fera mémoire de toi. Toi, tu montreras ta tendresse pour Sion ; il est temps de la prendre en pitié : l'heure est venue.*

*Tes serviteurs ont pitié de ses ruines, ils aiment jusqu'à sa poussière.*

*Les nations craindront le nom du Seigneur, et tous les rois de la terre, sa gloire :*

*Quand le Seigneur rebâtira Sion, quand il apparaîtra dans sa gloire,*

*Il se tournera vers la prière du spolié, il n'aura pas méprisé sa prière.*

*Que cela soit écrit pour l'âge à venir, et le peuple à nouveau créé chantera son Dieu :*

*« Des hauteurs, son sanctuaire, le Seigneur s'est penché ; du ciel, il regarde la terre,*

*Pour entendre la plainte des captifs et libérer ceux qui devaient mourir.*

*On publiera dans Sion le nom du Seigneur et sa louange dans tout Jérusalem,*

*Au rassemblement des royaumes et des peuples qui viendront servir le Seigneur.*

*Il a brisé ma force en chemin, réduit le nombre de mes jours.*

*Et j'ai dit : « Mon Dieu, ne me prends pas au milieu de mes jours ! » Tes années recouvrent tous les temps :*

*Autrefois tu as fondé la terre ; le ciel est l'ouvrage de tes mains.*

*Ils passent, mais toi, tu demeures : + ils s'usent comme un habit, l'un et l'autre ; tu les remplaces comme un vêtement.*

*Toi, tu es le même ; tes années ne finissent pas.*

*Les fils de tes serviteurs trouveront un séjour, et devant toi se maintiendra leur descendance. ».*


Adressez-vous brièvement à Dieu en demandant le pardon de vos fautes, ou de la faute spécifique pour laquelle vous souhaitez être pardonné. Vous pouvez bien sur reprendre intégralement les prières du jour 1. Vous pouvez aussi juste adresser par une phrase courte votre requête de rémission.

5. Récitez le « Gloria In Excelsis Deo » (*page 98*) ;

6. Adressez-vous ensuite au Christ en utilisant sa prière que vous réciterez autant de fois que vous le désirez : « Jésus Christ, fils de Dieu, prends pitié de moi, pauvre pécheur » ;

7. Terminez en disant : « Dieu tout puissant, en témoignage de mon amour pour toi et de ma sincère repentance, je t'offre cette lumière ». Puis allumez la bougie blanche que vous laisserez brûler intégralement.

# JOUR 6

1. Après votre toilette ou vous être lavé les mains, allez à votre autel ou là où vous avez mis la bougie neuvaine et prié les jours précédents ;

2. Agenouillez-vous (ou asseyez-vous selon la configuration de votre espace de prière), et commencez par réciter le « Notre Père » en ouverture (*page 92*) ;

3. Récitez ensuite le « Confiteor » (*page 96*) ;

4. Récitez le Psaume 130 (129) :

*« Des profondeurs je crie vers toi, Seigneur,*

*Seigneur, écoute mon appel ! Que ton oreille se fasse attentive au cri de ma prière ! Si tu retiens les fautes, Seigneur, Seigneur, qui subsistera ? Mais près de toi se trouve le pardon pour que l'homme te craigne.*

*J'espère le Seigneur de toute mon âme ; je l'espère, et j'attends sa parole.*

*Mon âme attend le Seigneur plus qu'un veilleur ne guette l'aurore. Plus qu'un veilleur ne guette l'aurore. Attends le Seigneur, Israël. Oui, près du Seigneur, est l'amour ; près de lui, abonde le rachat.*

*C'est lui qui rachètera Israël de toutes ses fautes. ».*

Adressez-vous brièvement à Dieu en demandant le pardon de vos fautes (pénitence générale), ou de la faute spécifique pour laquelle vous souhaitez être pardonné (pénitence sur un péché). Vous pouvez bien sur reprendre intégralement les prières du jour 1, mais vous pouvez aussi juste adresser par une phrase courte votre requête de rémission.

5. Récitez le « Gloria In Excelsis Deo » (*page 98*) ;

6. Adressez-vous ensuite au Christ en utilisant sa prière que vous réciterez autant de fois que vous le désirez : « Jésus Christ, fils de Dieu, prends pitié de moi, pauvre pécheur » ;

7. Terminez en disant : « Dieu tout puissant, en témoignage de mon amour pour toi et de ma sincère repentance, je t'offre cette lumière ». Puis allumez la bougie blanche que vous laisserez brûler intégralement.

# JOUR 7

1. Après votre toilette ou vous être lavé les mains, allez à votre autel ou là où vous avez mis la bougie neuvaine et prié les jours précédents ;

2. Agenouillez-vous (ou asseyez-vous selon la configuration de votre espace de prière), et commencez par réciter le « Notre Père » en ouverture (*page 92*) ;

3. Récitez ensuite le « Confiteor » (*page 96*) ;

4. Récitez le Psaume 143 (142) :

*« Seigneur, entends ma prière ; dans ta justice écoute mes appels, dans ta fidélité réponds-moi.*

*N'entre pas en jugement avec ton serviteur : aucun vivant n'est juste devant toi.*

*L'ennemi cherche ma perte, il foule au sol ma vie ; il me fait habiter les ténèbres avec les morts de jadis.*

*Le souffle en moi s'épuise, mon cœur au fond de moi s'épouvante.*

*Je me souviens des jours d'autrefois, je me redis toutes tes actions, \* sur l'œuvre de tes mains je médite.*

*Je tends les mains vers toi, me voici devant toi comme une terre assoiffée.*

*Vite, réponds-moi, Seigneur : je suis à bout de souffle ! Ne me cache pas ton visage : je serais de ceux qui tombent dans la fosse.*

*Fais que j'entende au matin ton amour, car je compte sur toi. Montre-moi le chemin que je dois prendre : vers toi, j'élève mon âme !*

*Délivre-moi de mes ennemis, Seigneur : j'ai un abri auprès de toi.*

*Apprends-moi à faire ta volonté, car tu es mon Dieu. Ton souffle est bienfaisant : qu'il me guide en un pays de plaines.*

*Pour l'honneur de ton nom, Seigneur, fais-moi vivre ; à cause de ta justice, tire-moi de la détresse.*

*[A cause de ton amour, tu détruiras mes ennemis ; tu feras périr mes adversaires, car je suis ton serviteur.] ».*

Adressez-vous brièvement à Dieu en demandant le pardon de vos fautes (pénitence générale), ou de la faute spécifique pour laquelle vous souhaitez être pardonné (pénitence sur un péché). Vous pouvez bien sur reprendre intégralement les prières du jour 1, mais vous pouvez aussi juste adresser par une phrase courte votre requête de rémission.

5. Récitez le « Gloria In Excelsis Deo » (*page 98*) ;

6. Adressez-vous ensuite au Christ en utilisant sa prière que vous réciterez autant de fois que vous le désirez : Jésus Christ, fils de Dieu, prends pitié de moi, pauvre pécheur » ;

7. Terminez en disant : « Dieu tout puissant, en témoignage de mon amour pour toi et de ma sincère repentance, je t'offre cette lumière ». Puis allumez la bougie blanche que vous laisserez brûler intégralement.

# JOUR 8

1. Après votre toilette ou vous être lavé les mains, allez à votre autel ou là où est placée la bougie neuvaine et prié les jours précédents ;

2. Agenouillez-vous (ou asseyez-vous selon la configuration de votre espace de prière), et commencez par réciter le « Notre Père » en ouverture (*page 92*) ;

3. Récitez ensuite le Confiteor (*page 96*) ;

4. Récitez les 7 Psaumes ;

Adressez-vous brièvement à Dieu en demandant le pardon de vos fautes (pénitence générale), ou de la faute spécifique pour laquelle vous souhaitez être pardonné (pénitence sur un péché). Vous pouvez bien sur reprendre intégralement les prières du jour 1, mais vous pouvez aussi juste adresser par une phrase courte votre requête de rémission.

5. Récitez le « Gloria In Excelsis Deo » (*page 98*) ;

6. Adressez-vous ensuite au Christ en utilisant sa prière que vous réciterez autant de fois que vous le désirez : « Jésus Christ, fils de Dieu, prends pitié de moi, pauvre pécheur » ;

7. Terminez en disant : « Dieu tout puissant, en témoignage de mon amour pour toi et de ma sincère repentance, je t'offre cette lumière ». Puis allumez la bougie verticale blanche.

# JOUR 9

1. Après votre toilette ou vous être lavé les mains, allez à votre autel ou là où est placée la bougie neuvaine et prié les jours précédents ;

2. Agenouillez-vous (ou asseyez-vous selon la configuration de votre espace de prière), et commencez par réciter le « Notre Père » en ouverture (*page 92*) ;

3. Récitez ensuite le « Confiteor » (*page 96*) ;

4. Récitez les 7 Psaumes ;

Adressez-vous brièvement à Dieu en demandant le pardon de vos fautes générales, ou de la faute spécifique. Vous pouvez reprendre les prières du jour 1 ou juste adresser par une phrase courte votre requête de rémission.

5. Récitez le « Gloria In Excelsis Deo » (*page 98*) ;

6. Adressez-vous ensuite au Christ en utilisant sa prière que vous réciterez autant de fois que vous le souhaitez : « Jésus Christ, fils de Dieu, prends pitié de moi, pauvre pécheur » ;

7. Terminez en disant : « Dieu tout puissant, en témoignage de mon amour pour toi et de ma sincère repentance, je t'offre cette lumière ». Puis allumez la bougie blanche que vous laisserez brûler intégralement.

## 3. Neuvaine d'assistance auprès du Christ

Cette neuvaine est à effectuer lorsque vous avez une demande à présenter au Christ. Elle peut concerner tout sujet : une promotion, trouver un travail, l'amour, la paix, une amélioration financière, une guérison, la libération de forces maléfiques ou d'une addiction, etc. Ces requêtes peuvent être pour vous ou pour une tierce personne pour laquelle vous vous inquiétez et souhaitez voir le Christ intervenir.

La neuvaine ne doit viser qu'une grâce : ne demandez pas un travail et l'amour ; en ce cas, vous effectuerez une neuvaine pour le travail puis une neuvaine pour l'amour. Enfin, il est bien entendu évident que la grâce sollicitée doit répondre aux attributs présentés précédemment expliqués (*pages 25 à 29*).

Pour cette neuvaine, nous allons utiliser « *la prière irrésistible* » de Padre Pio, très puissante puisqu'elle se fonde sur les trois promesses du Christ, telles que relatées dans les Évangiles.

Vous aurez besoin d'une bougie neuvaine blanche ainsi que de huit bougies blanches verticales.

Si vous obtenez grâce à la suite de votre demande, vous remercierez le Christ par la prière de gratitude spécifique (*pages 132 et 133*).

# JOUR 1

1. Après votre toilette ou vous être lavé les mains, allez à votre autel ou trouvez un endroit tranquille à votre domicile qui sera identique durant les 9 jours ;

2. Placez une représentation du Christ si vous n'avez pas d'autel spirituel ;

Ce peut être une statuette, une carte postale ou plastifiée, une petite médaille. Vous pouvez aussi rechercher sur internet « image Jésus Christ », choisissez celle qui vous plait, imprimez là en couleur et mettez là dans un cadre que vous poserez sur une petite table ou étagère si vous n'avez pas d'autel. Sous la représentation du Christ (quelle qu'elle soit) posez la bougie de neuvaine. Allumez-la.

3. Agenouillez-vous (ou asseyez-vous selon la configuration de votre espace de prière), et commencez par réciter le « Notre Père » en ouverture (*page 92*) ;

4. Récitez ensuite le « Credo » (*page 94*) ;

5. Appelez le Christ par une formule courte du type : « Seigneur Jésus Christ, je t'en supplie, viens à moi, car j'ai besoin de toi ! ». Restez quelques secondes en silence ;

6. Exprimez-vous ensuite librement en expliquant la grâce que vous sollicitez.

Je vais prendre deux exemples : une demande de guérison physique et une requête pour trouver un emploi. Ces modèles vous aideront pour vos propres formulations. Vous exprimerez pleinement votre demande le premier jour seulement. Les jours suivants vous réciterez comme indiqué la prière de Padre Pio en la complétant au regard de votre situation, mais sans entrer dans autant de détails que le premier jour.

Exemple d'une demande de guérison :

« Ô mon Jésus, mon doux Jésus, moi [*votre prénom et nom*], me présente humblement devant toi afin de t'exposer le trouble qui est le mien. Je suis victime de la maladie, Seigneur, mes poumons sont affaiblis [*précisez*].

Toi qui es le guérisseur des guérisseurs, toi qui as accompli tellement de miracles durant ta vie, c'est avec une foi éclairée que je viens à toi pour obtenir ta divine intervention. De même que la femme guérit de ses saignements en touchant ton vêtement, permets-moi, ô Jésus, de toucher ta rayonnante robe afin que mes poumons soient purgés, délivrés, libérés de toute maladie, et guéris.

Que ta sainte lumière enveloppe chacun de mes poumons, qu'elle les bénisse et les emplisse du plus profond à la surface. Qu'elle les pénètre tant le jour que la nuit, et dissolve tout blocage, toute maladie, toute infection. Que tes mains éclairent chaque parcelle de mes poumons et les illuminent chaque jour davantage, délivrés, libérés, purifiés.

Ne m'abandonne pas, ô Christ, ne détourne pas tes yeux de moi. J'ai foi en toi, ô Christ, j'ai foi en ton nom qui est le plus puissant de l'univers, j'ai foi en ton pouvoir et en ton amour inconditionnel pour nous. Puisse ma foi fléchir ton cœur, toi qui es venu pour sauver et non juger. Accorde-moi, je t'en prie, la grâce que je sollicite de toute l'ardeur de mon être.

Je te remercie, ô Christ !

Gloire à toi, Seigneur Jésus, gloire au Père !

Amen ».


Exemple d'une demande d'assistance pour un emploi :

« Ô mon Jésus, moi [*votre prénom et nom*], me présente humblement devant toi afin de t'exposer le trouble qui est le mien. Je suis sans emploi, Seigneur, mes investigations à ce jour ont été vaines et ma situation financière en est affectée [*précisez davantage si vous le souhaitez*].

Seigneur Jésus, je ne cherche pas l'oisiveté. Tout ce que je demande est de pouvoir travailler et de jouir du fruit de mon labeur. Tout ce que je sollicite est de pouvoir jouir de mon pain quotidien. Toi qui es le Chemin, la Vérité et la Vie, ouvre-moi la voie, ô Christ. Inspire-moi et guide-moi dans mes recherches afin que je puisse trouver dans les plus brefs délais un emploi qui soit conforme à mon intérêt supérieur et qui me permettra de subvenir à mes besoins [*et à ceux de ma famille, le cas échéant*].

Ne me délaisse pas, ô Christ ! Ne détourne pas tes yeux de moi. J'ai foi en toi Seigneur Jésus. Je sais qu'avec toi à mes côtés je n'ai rien à craindre. Tu es mon berger Seigneur, et en tant qu'une de tes brebis je m'abandonne à toi et te laisse me guider vers le bon emploi pour moi !

Je te remercie, ô Christ ! Gloire au Père, Gloire au Seigneur !

Amen ».

7. Après avoir exposé votre demande (quelle qu'elle soit), terminez en récitant en boucle pour une période que vous aurez choisi la prière du Christ : « Jésus Christ, fils de Dieu, prends pitié de moi, pauvre pécheur. ».

# JOUR 2 à 9

Les préparatifs seront identiques à ceux du premier jour. Après votre toilette ou vous être lavé les mains, allez à votre autel ou là où vous avez placé la bougie neuvaine et prié le premier jour. Récitez « Notre Père » (*page 92*) puis le « Credo » (*page 94*). Vous appellerez le Christ par une formule courte du type : « Seigneur Jésus Christ, je t'en supplie, viens à moi, car j'ai besoin de toi ! ».

Après quelques secondes de silence, récitez la prière irrésistible de Saint Padre Pio en la complétant au regard de votre situation.

« Ô mon Jésus, qui as dit : en vérité, en vérité je vous le dis, demandez et vous recevrez, cherchez et vous trouverez, frappez et il vous sera répondu, voilà que je frappe, je cherche, et je demande la grâce de [exprimez votre demande, par exemple « la grâce de trouver un emploi correspondant à mon intérêt supérieur »].

*Notre Père, Je te salue, Gloire au Père Cœur Sacré de Jésus, j'ai confiance en Toi !* Ô mon Jésus, qui as dit : en vérité, en vérité je vous le dis, tout ce que vous demanderez à mon Père en mon Nom, Il vous l'accordera. Voici qu'à ton Père en ton Nom, je demande la grâce de [réitérez brièvement votre demande].

*Notre Père, Je te salue, Gloire au Père Cœur Sacré de Jésus, j'ai confiance en Toi !* Ô mon Jésus, qui as dit : en vérité je vous le dis, le ciel et la terre passeront, mais mes paroles ne passeront point ! Voici que, m'appuyant sur l'infaillibilité de tes saintes paroles, je demande la grâce de [réitérez brièvement votre demande].

*Notre Père, je vous salue, Gloire au Père Cœur Sacré de Jésus, j'ai confiance en Toi !* ».

1. Allumez à la fin de chacun de ces jours 2 à 9 une bougie blanche en disant : « Seigneur Jésus Christ, je t'offre cette lumière en témoignage de mon amour pour toi, et en témoignage de ma reconnaissance pour ton aide au sujet de la demande que je t'ai soumise » ;

2. Terminez en récitant en boucle pour une période que vous aurez choisi la prière du Christ : « Jésus Christ, fils de Dieu, prends pitié de moi, pauvre pécheur ».

## CHAPITRE 2

## LE ROSAIRE

### 1. Un peu d'histoire

Le Rosaire occupe une place de choix au sein du dogme catholique. Le Pape Jean Paul II disait : « *Le rosaire est ma prière préférée. C'est une prière merveilleuse. Merveilleuse de simplicité et de profondeur. Réciter le rosaire n'est rien d'autre que contempler avec Marie le visage du Christ.* ». Le Rosaire peut être vu comme une méditation sur le parcours du Christ, accompagné par la Vierge Marie.

L'ancêtre du Rosaire peut être trouvé en Asie, particulièrement en Inde, où Hindouisme et Bouddhisme utilisent la répétition de prières au travers du « mala », collier de méditation composé de 108 perles correspondant aux noms de Bouddha.

Au temps des Apôtres, la récitation continue de prières au travers des Psaumes est une pratique employée par de nombreux spiritualistes, tels ceux d'Orient comme en Égypte, afin de se rapprocher de Dieu. Ils utilisent de petits cailloux enfilés sur une cordelette pour les guider.

C'est durant le Moyen-Âge que cette pratique se concentre sur la Vierge Marie. Les familles honorent la Vierge au travers de petites statues sur lesquelles était posée une couronne de roses. De cette couronne de roses sur la tête de Marie est issu le « Chapel » (chapeau). Chaque soir, une prière était récitée à partir de chaque rose, d'où l'origine du terme de « Rosaire ». Les roses furent ultérieurement remplacées par des grains d'olivier ou de buis, plus solides et durables.

Au XVe siècle, le Chartreux Dominique de Prusse officialise en quelque sorte le rosaire doté de quinze mystères. Il invite les croyants à réciter ces prières tout en se concentrant sur la vie du Christ. Le dominicain Alain de la

Roche développe la pratique du Chapelet, et l'imprimerie qui suivra permettra la diffusion de cette pratique. Aux quinze mystères de la vie du Christ, cinq autres seront ajoutés par le Pape Jean Paul II en 2002.

Le Rosaire utilise comme outil de prière le Chapelet. Un Chapelet comporte un certain nombre de grains. Certains sont groupés, tandis que d'autres sont isolés. Un Chapelet comprend six grains isolés, dont cinq seront utilisés pour méditer sur certains aspects de la vie du Christ et de Marie. Ces aspects ou événements sont appelés « Mystères ». Nous avons vu qu'il y en a vingt. Dès lors, pour réciter dans son intégralité le Rosaire, nous devons prier quatre Chapelets (4 x 5 Mystères = les vingt Mystères). Si ceci vous semble confus pour l'heure, n'ayez pas d'inquiétude je m'en vais clarifier les choses pour vous.

## 2. Pourquoi prier le Rosaire ?

*« Dans la sobriété de ses éléments, le Rosaire concentre en lui la profondeur de tout le message évangélique, dont il est presque un résumé. En lui résonne à nouveau la prière de Marie, son magnificat permanent pour l'œuvre de l'Incarnation rédemptrice qui a commencé dans son sein virginal. Avec lui, le peuple chrétien se met à l'école de Marie, pour se laisser introduire dans la contemplation de la beauté du visage du Christ et dans l'expérience de la profondeur de son amour. Par le Rosaire, le croyant puise d'abondantes grâces, les recevant presque des mains mêmes de la mère du Rédempteur. Depuis mes plus jeunes années, cette prière a eu une place importante dans ma vie spirituelle [...] et m'a accompagné dans les temps de joie et dans les temps d'épreuve. Je lui ai confié de nombreuses préoccupations. En lui, j'ai toujours trouvé le réconfort. Le Rosaire est ma prière préférée. C'est une prière merveilleuse. Merveilleuse de simplicité et de profondeur. En effet, sur l'arrière-fond des Ave Maria défilent les principaux épisodes de la vie de Jésus Christ. Réunis en mystères joyeux, douloureux et glorieux, ils nous mettent en communion vivante avec Jésus à travers le cœur de sa mère, pourrions-nous dire. En même temps, nous pouvons rassembler dans ces dizaines du Rosaire tous les événements de*

*notre vie individuelle ou familiale, de la vie de notre pays, de l'Église, de l'humanité, c'est-à-dire nos événements personnels ou ceux de notre prochain, et en particulier de ceux qui nous sont les plus proches, qui nous tiennent le plus à cœur. [...].* » (Jean-Paul II, rosarium virginis mariae) ».

Prier le Chapelet ou le Rosaire dans son intégralité en parcourant les 20 Mystères nous offre d'accueillir le Christ dans notre cœur en nous associant aux événements de sa vie, et sous la guidance de la Vierge Marie. Cette prière intense nous conduit sur les pas du Christ, et nous permet de nous rapprocher de lui, de lui témoigner par cet acte notre amour et notre dévotion.

Le Rosaire, s'il peut donc être utilisé à des fins spirituelles personnelles, peut aussi en amont être dédié à une cause comme la libération des âmes du purgatoire, ou à la paix dans le monde pour ne citer que ces exemples. En ce cas, précisez au Christ votre intention avant d'initier ces prières.

### 3. Comment prier le Chapelet

Avant toute chose, pensez à purifier votre Chapelet : soit par un prêtre qui le bénisse, soit vous-même en le passant dans de la fumée d'encens en affirmant : « Au nom de Dieu tout puissant et de Jésus Christ, que ce Chapelet soit désormais purifié, consacré et béni ».

Puis faites le signe de Croix au-dessus du Chapelet de votre main droite et en disant : « Au nom du Père, et du Fils, et du Saint-Esprit, amen ».

Vous savez que le Rosaire utilise le Chapelet dont l'origine a été indiquée précédemment. Il s'agit de l'objet dévotionnel composé d'une cordelette sur laquelle sont enfilées des perles, et qui vous servira de support à vos prières.

Voyez l'illustration ci-après :

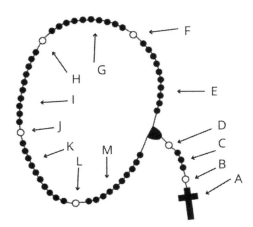

Les perles groupées et individuelles pouvant être de diverses couleurs, je ne vais donc pas les mentionner par couleur mais selon qu'elles soient groupées ou non. Vous pouvez observer sur le schéma ci-dessus une série de lettres qui marquent les différentes étapes de la prière. Il est plusieurs manières de prier le Chapelet avec de subtiles variations. Je vous livre cette façon d'opérer :

**A :** Sur le crucifix, faites le signe de Croix en récitant « Au nom du Père, du Fils et du Saint-Esprit, amen ». Puis récitez le « Crédo » (*page 94*) ;

**B :** Sur le grain isolé, récitez le « Notre Père » (*page 92*) ;

**C :** Sur chacun des trois grains groupés, récitez un « Je vous salue Marie » (*page 101*), donc trois en tout. Le premier vise à demander la grâce de la foi, le second la grâce de l'espérance, et le troisième la grâce de la charité ;

**Entre C et D :** Sur la cordelette (ou la chaîne) entre le dernier des trois grains groupés et le grain isolé suivant, posez vos doigts et récitez le « Gloire au Père » (*page 100*) ;

**D :** Sur le grain isolé, récitez le 1er Mystère, indiquez le fruit à méditer (voir plus bas la liste des Mystères et fruits), méditez dessus puis récitez le « Notre Père (*page 92*) » ;

**E :** Sur chacun des 10 grains groupés vous récitez un « Je vous salue Marie (*page 101*) » ;

**Entre E et F :** Sur la cordelette (ou la chaîne) entre le dernier des dix grains groupés et le grain isolé suivant, posez vos doigts et récitez le « Gloire au Père » (*page 100*) ;

**F :** Sur le grain isolé récitez le 2nd Mystère, indiquez le fruit à méditer, méditez dessus puis récitez le « Notre Père » (*page 92*) ;

**G :** Sur chacun des 10 grains groupés récitez un « Je vous salue Marie » (*page 101*) ;

**Entre G et H :** Sur la cordelette (ou la chaîne) entre le dernier des dix grains groupés et le grain isolé suivant posez vos doigts et récitez le « Gloire au Père » (*page 100*) ;

**H :** Sur le grain isolé récitez le 3ème Mystère, indiquez le fruit à méditer, méditez dessus puis récitez le « Notre Père » (*page 92*) ;

**I :** Sur chacun des 10 grains groupés récitez un « Je vous salue Marie (*page 101*) » ;

**Entre I et J** : Sur la cordelette (ou la chaîne) entre le dernier des trois grains groupés et le grain isolé suivant posez vos doigts et récitez le « Gloire au Père » (*page 100*) ;

**J :** Sur le grain isolé récitez le 4ème Mystère, indiquez le fruit à méditer, méditez dessus puis récitez le « Notre Père » (*page 92*) ;

**K :** Sur chacun des 10 grains groupés récitez un « Je vous salue Marie » (*page 101*) ;

**Entre K et L** : Sur la cordelette (ou la chaîne) entre le dernier des trois grains groupés et le grain isolé suivant posez vos doigts et récitez le « Gloire au Père » (*page 100*) ;

**L :** Sur le grain isolé récitez le 5ème Mystère, indiquez, le fruit à méditer, méditez dessus puis récitez le « Notre Père » (*page 92*) ;

**M :** Sur chacun des 10 grains groupés récitez un « Je vous salue Marie » (*page 101*) ;

**Sur la cordelette après le dernier des 10 grains groupés :** récitez le « Gloire au Père » (*page 100*).

Terminez en vous signant du signe de la Croix en disant « Au nom du Père, du fils, et du Saint-Esprit, amen ».

### 4. Les Mystères et comment méditer dessus ?

Vous avez pu constater que dans le déroulé du Chapelet il est fait état de « Mystères ». Chaque Mystère nous prodigue des « *fruits* », qui peuvent être entendus comme des bénéfices spirituels. Quels sont ces Mystères et comment les pratiquer ? Les Mystères représentent les événements clés de la vie du Christ (et pour certains de la Vierge Marie). Tandis que nous prions le Chapelet, nous revivons certains de ces instants fondamentaux et avons l'opportunité de méditer sur ces derniers.

Pour méditer sur les Mystères il vous suffit soit de vous les rappeler, soit mieux encore de les lire et de prendre le temps d'intégrer ces moments capitaux de la vie du Christ et de Marie. Vous pouvez ainsi lire un Mystère puis rester silencieux quelques instants à réfléchir sur ce moment sacré. Je vais vous accompagner et vous livrer pour chaque Mystère d'où il provient dans la Bible, et plus encore vous livrer le passage en question. Je précise que vous trouverez ces épisodes dans d'autres Évangiles (ceux que je vous livre ne sont pas exclusifs). Ainsi, vous aurez tout à portée de main, et il vous suffira de lire ce Mystère et de prendre le temps de l'intégrer et de réfléchir dessus.

Les Mystères se divisent en quatre catégories, étant entendu que l'adjectif qui qualifie chacun d'eux en exprime l'essence :

Les Mystères joyeux ;

Les Mystères lumineux ;

Les Mystères douloureux ;

Les Mystères glorieux.

Chacune de ces quatre catégories comprend cinq passages clés de la vie du

Christ (et de la Vierge Marie parfois), comptabilisant ainsi les vingt Mystères qui composent le Rosaire. Vous constaterez que chacun de ces quatre Mystères correspond à certains jours de la semaine. Aussi, selon le jour où vous réciterez le Rosaire vous saurez quels Mystères utiliser.

### A/ Les Mystères joyeux (lundi et samedi)

**1er Mystère : L'Annonciation à Marie par l'ange Gabriel.**

- Passage biblique de ce Mystère : Luc 1:26-38.

*« Le sixième mois, l'ange Gabriel fut envoyé par Dieu dans une ville de Galilée, appelée Nazareth, à une jeune fille vierge, accordée en mariage à un homme de la maison de David, appelé Joseph ; et le nom de la jeune fille était Marie. L'ange entra chez elle et dit : « Je te salue, Comblée-de-grâce, le Seigneur est avec toi. ». À cette parole, elle fut toute bouleversée, et elle se demandait ce que pouvait signifier cette salutation.*

*L'ange lui dit alors : « Sois sans crainte, Marie, car tu as trouvé grâce auprès de Dieu. Voici que tu vas concevoir et enfanter un fils ; tu lui donneras le nom de Jésus. Il sera grand, il sera appelé Fils du Très-Haut ; le Seigneur Dieu lui donnera le trône de David son père ; il régnera pour toujours sur la maison de Jacob, et son règne n'aura pas de fin. »*
*Marie dit à l'ange : « Comment cela va-t-il se faire puisque je ne connais pas d'homme ? ». L'ange lui répondit : « L'Esprit-Saint viendra sur toi, et la puissance du Très-Haut te prendra sous son ombre ; c'est pourquoi celui qui va naître sera saint, il sera appelé Fils de Dieu. Or voici que, dans sa vieillesse, Élisabeth, ta parente, a conçu, elle aussi, un fils et en est à son sixième mois, alors qu'on l'appelait la femme stérile. Car rien n'est impossible à Dieu. ». Marie dit alors : « Voici la servante du Seigneur ; que tout m'advienne selon ta parole. » Alors l'ange la quitta. »*

- Fruit de ce Mystère : l'humilité (se rendre disponible à la volonté de Dieu).

## 2ème Mystère : La visitation de Marie à Elisabeth.

- Passage biblique de ce Mystère : Luc 1:39-56.

*« En ces jours-là, Marie se mit en route et se rendit avec empressement vers la région montagneuse, dans une ville de Judée. Elle entra dans la maison de Zacharie et salua Élisabeth. Or, quand Élisabeth entendit la salutation de Marie, l'enfant tressaillit en elle.*

*Alors, Élisabeth fut remplie d'Esprit Saint, et s'écria d'une voix forte : « Tu es bénie entre toutes les femmes, et le fruit de tes entrailles est béni. D'où m'est-il donné que la mère de mon Seigneur vienne jusqu'à moi ? Car, lorsque tes paroles de salutation sont parvenues à mes oreilles, l'enfant a tressailli d'allégresse en moi. Heureuse celle qui a cru à l'accomplissement des paroles qui lui furent dites de la part du Seigneur. »*

*Marie dit alors : « Mon âme exalte le Seigneur, exulte mon esprit en Dieu, mon Sauveur ! Il s'est penché sur son humble servante ; désormais tous les âges me diront bienheureuse. Le Puissant fit pour moi des merveilles ; Saint est son nom ! Sa miséricorde s'étend d'âge en âge sur ceux qui le craignent. Déployant la force de son bras, il disperse les superbes. Il renverse les puissants de leurs trônes, il élève les humbles. Il comble de biens les affamés, renvoie les riches les mains vides. Il relève Israël son serviteur, il se souvient de son amour, de la promesse faite à nos pères, en faveur d'Abraham et sa descendance à jamais. »*

*Marie resta avec Élisabeth environ trois mois, puis elle s'en retourna chez elle. »*

- Fruit de ce Mystère : la charité (aller vers son prochain).

## 3ème Mystère : La Nativité de Jésus à Bethléem.

- Passage biblique de ce Mystère : Luc 2:6-20.

*« Or, pendant qu'ils étaient là, le temps où elle devait enfanter fut accompli. Et elle mit au monde son fils premier-né ; elle l'emmaillota et le coucha dans une mangeoire, car il n'y avait pas de place pour eux dans la salle commune.*

*Dans la même région, il y avait des bergers qui vivaient dehors et passaient la nuit dans les champs pour garder leurs troupeaux. L'ange du Seigneur se présenta devant eux, et la gloire du Seigneur les enveloppa de sa lumière. Ils furent saisis d'une grande crainte. Alors l'ange leur dit : « Ne craignez pas, car voici que je vous annonce une bonne nouvelle, qui sera une grande joie pour tout le peuple : aujourd'hui, dans la ville de David, vous est né un Sauveur qui est le Christ, le Seigneur. Et voici le signe qui vous est donné : vous trouverez un nouveau-né emmailloté et couché dans une mangeoire. »*

*Et soudain, il y eut avec l'ange une troupe céleste innombrable, qui louait Dieu en disant : « Gloire à Dieu au plus haut des cieux, et paix sur la terre aux hommes, qu'il aime. ». Lorsque les anges eurent quitté les bergers pour le ciel, ceux-ci se disaient entre eux : « Allons jusqu'à Bethléem pour voir ce qui est arrivé, l'événement que le Seigneur nous a fait connaître. ».Ils se hâtèrent d'y aller, et ils découvrirent Marie et Joseph, avec le nouveau-né couché dans la mangeoire. Après avoir vu, ils racontèrent ce qui leur avait été annoncé au sujet de cet enfant. Et tous ceux qui entendirent s'étonnaient de ce que leur racontaient les bergers. Marie, cependant, retenait tous ces événements et les méditait dans son cœur. Les bergers repartirent ; ils glorifiaient et louaient Dieu pour tout ce qu'ils avaient entendu et vu, selon ce qui leur avait été annoncé. »*

- Fruit de ce Mystère : l'esprit de pauvreté.

## 4ème Mystère : La présentation de Jésus au Temple.

- Passage biblique de ce Mystère : Luc 2:2-40.

*« Quand fut accompli le temps prescrit par la loi de Moïse pour la purification, les parents de Jésus l'amenèrent à Jérusalem pour le présenter au Seigneur, selon ce qui est écrit dans la Loi : tout premier-né de sexe masculin sera consacré au Seigneur. Ils venaient aussi offrir le sacrifice prescrit par la loi du Seigneur : un couple de tourterelles ou deux petites colombes.*

*Or, il y avait à Jérusalem un homme appelé Syméon. C'était un homme juste et religieux, qui attendait la Consolation d'Israël, et l'Esprit-Saint était sur lui. Il avait reçu de l'Esprit-Saint l'annonce qu'il ne verrait pas la mort avant d'avoir vu le Christ, le Messie du Seigneur.*

*Sous l'action de l'Esprit, Syméon vint au Temple. Au moment où les parents présentaient l'enfant Jésus pour se conformer au rite de la Loi qui le concernait, Syméon reçut l'enfant dans ses bras, et il bénit Dieu en disant : « Maintenant, ô Maître souverain, tu peux laisser ton serviteur s'en aller en paix, selon ta parole. Car mes yeux ont vu le salut que tu préparais à la face des peuples : lumière qui se révèle aux nations et donne gloire à ton peuple Israël. »*

*Le père et la mère de l'enfant s'étonnaient de ce qui était dit de lui.*

*Syméon les bénit, puis il dit à Marie sa mère : « Voici que cet enfant provoquera la chute et le relèvement de beaucoup en Israël. Il sera un signe de contradiction – et toi, ton âme sera traversée d'un glaive – : ainsi seront dévoilées les pensées qui viennent du cœur d'un grand nombre. »*

*Il y avait aussi une femme prophète, Anne, fille de Phanuel, de la tribu d'Aser. Elle était très avancée en âge ; après sept ans de mariage, demeurée veuve, elle était arrivée à l'âge de quatre-vingt-quatre ans. Elle ne s'éloignait pas du Temple, servant Dieu jour et nuit dans le jeûne et la prière.*

*Survenant à cette heure même, elle proclamait les louanges de Dieu et parlait de l'enfant à tous ceux qui attendaient la délivrance de Jérusalem.*

*Lorsqu'ils eurent achevé tout ce que prescrivait la loi du Seigneur, ils retournèrent en Galilée, dans leur ville de Nazareth.*

*L'enfant, lui, grandissait et se fortifiait, rempli de sagesse, et la grâce de Dieu était sur lui. »*

- Fruit de ce Mystère : pureté et obéissance.

**5ème Mystère : Le recouvrement de Jésus au Temple.**

- Passage biblique de ce Mystère : Luc 2:41-52.

« *Chaque année, les parents de Jésus se rendaient à Jérusalem pour la fête de la Pâque.*

*Quand il eut douze ans, ils montèrent en pèlerinage suivant la coutume. À la fin de la fête, comme ils s'en retournaient, le jeune Jésus resta à Jérusalem à l'insu de ses parents. Pensant qu'il était dans le convoi des pèlerins, ils firent une journée de chemin avant de le chercher parmi leurs parents et connaissances.*

*Ne le trouvant pas, ils retournèrent à Jérusalem, en continuant à le chercher. C'est au bout de trois jours qu'ils le trouvèrent dans le Temple, assis au milieu des docteurs de la Loi : il les écoutait et leur posait des questions, et tous ceux qui l'entendaient s'extasiaient sur son intelligence et sur ses réponses.*

*En le voyant, ses parents furent frappés d'étonnement, et sa mère lui dit : « Mon enfant, pourquoi nous as-tu fait cela ? Vois comme ton père et moi, nous avons souffert en te cherchant ! »*

# LA PRIERE

*Il leur dit : « Comment se fait-il que vous m'ayez cherché ? Ne saviez-vous pas qu'il me faut être chez mon Père ? »*

*Mais ils ne comprirent pas ce qu'il leur disait. Il descendit avec eux pour se rendre à Nazareth, et il leur était soumis. Sa mère gardait dans son cœur tous ces événements. Quant à Jésus, il grandissait en sagesse, en taille et en grâce, devant Dieu et devant les hommes. »*

- Fruit de ce Mystère : ferveur, recherche de Dieu en toute chose.

*Jésus enfant partageant son savoir au Temple*

# LA PRIERE

## B/ Les Mystères lumineux (le jeudi)

### 1er Mystère : Le baptême de Jésus au Jourdain.

- Passage biblique de ce Mystère : Matthieu 3:11-17

*« Moi, je vous baptise dans l'eau, en vue de la conversion. Mais celui qui vient derrière moi est plus fort que moi, et je ne suis pas digne de lui retirer ses sandales. Lui vous baptisera dans l'Esprit-Saint et le feu.*

*Il tient dans sa main la pelle à vanner, il va nettoyer son aire à battre le blé, et il amassera son grain dans le grenier ; quant à la paille, il la brûlera au feu qui ne s'éteint pas. »*

*Alors paraît Jésus. Il était venu de Galilée jusqu'au Jourdain auprès de Jean, pour être baptisé par lui.*

*Jean voulait l'en empêcher et disait : « C'est moi qui ai besoin d'être baptisé par toi, et c'est toi qui viens à moi ! »*

*Mais Jésus lui répondit : « Laisse faire pour le moment, car il convient que nous accomplissions ainsi toute justice. » Alors Jean le laisse faire.*

*Dès que Jésus fut baptisé, il remonta de l'eau, et voici que les cieux s'ouvrirent : il vit l'Esprit de Dieu descendre comme une colombe et venir sur lui.*

*Et des cieux, une voix disait : « Celui-ci est mon Fils bien-aimé, en qui je trouve ma joie. »*

- Fruit de ce Mystère : l'état de grâce du baptême.

## 2ème Mystère : Les noces de Cana

- Passage biblique de ce Mystère : Jean 2:1-12.

*« Le troisième jour, il y eut un mariage à Cana de Galilée. La mère de Jésus était là. Jésus aussi avait été invité au mariage avec ses disciples.*

*Or, on manqua de vin. La mère de Jésus lui dit : « Ils n'ont pas de vin. ». Jésus lui répond : « Femme, que me veux-tu ? Mon heure n'est pas encore venue. ». Sa mère dit à ceux qui servaient : « Tout ce qu'il vous dira, faites-le. ».*

*Or, il y avait là six jarres de pierre pour les purifications rituelles des Juifs ; chacune contenait deux à trois mesures (c'est-à-dire environ cent litres).*

*Jésus dit à ceux qui servaient : « Remplissez d'eau les jarres. » Et ils les remplirent jusqu'au bord. Il leur dit : « Maintenant, puisez, et portez-en au maître du repas. » Ils lui en portèrent.*

*Et celui-ci goûta l'eau changée en vin. Il ne savait pas d'où venait ce vin, mais ceux qui servaient le savaient bien, eux qui avaient puisé l'eau. Alors le maître du repas appelle le marié et lui dit : « Tout le monde sert le bon vin en premier et, lorsque les gens ont bien bu, on apporte le moins bon. Mais toi, tu as gardé le bon vin jusqu'à maintenant. »*

*Tel fut le commencement des signes que Jésus accomplit. C'était à Cana de Galilée. Il manifesta sa gloire, et ses disciples crurent en lui.*

*Après cela, il descendit à Capharnaüm avec sa mère, ses frères et ses disciples, et ils demeurèrent là-bas quelques jours. ».*

- Fruit de ce Mystère : confiance en la volonté de Dieu.

LA PRIERE

## 3ème Mystère : L'annonce du Royaume de Dieu avec l'invitation à la conversion.

- Passage biblique de ce Mystère : Marc 1:14-15.

*« Après l'arrestation de Jean, Jésus partit pour la Galilée proclamer l'Évangile de Dieu ; il disait : « Les temps sont accomplis : le règne de Dieu est tout proche. Convertissez-vous et croyez à l'Évangile. »*

- Fruit de ce Mystère : invitation à la conversion intérieure.

*Jésus proclame l'Evangile*

## 4ème Mystère : La Transfiguration.

- Passage biblique de ce Mystère : Matthieu 17:1-8.

*« Six jours après, Jésus prend avec lui Pierre, Jacques et Jean son frère, et il les emmène à l'écart, sur une haute montagne.*

*Il fut transfiguré devant eux ; son visage devint brillant comme le soleil, et ses vêtements, blancs comme la lumière.*

*Voici que leur apparurent Moïse et Élie, qui s'entretenaient avec lui.*

*Pierre alors prit la parole et dit à Jésus : « Seigneur, il est bon que nous soyons ici ! Si tu le veux, je vais dresser ici trois tentes, une pour toi, une pour Moïse, et une pour Élie. »*

*Il parlait encore, lorsqu'une nuée lumineuse les couvrit de son ombre, et voici que, de la nuée, une voix disait : « Celui-ci est mon Fils bien-aimé, en qui je trouve ma joie : écoutez-le ! »*

*Quand ils entendirent cela, les disciples tombèrent face contre terre et furent saisis d'une grande crainte.*

*Jésus s'approcha, les toucha et leur dit : « Relevez-vous et soyez sans crainte ! ». Levant les yeux, ils ne virent plus personne, sinon lui, Jésus, seul. »*

- Fruit de ce Mystère : la contemplation (grâce d'une vie intérieure).

# LA PRIERE

**5ème Mystère : L'institution de l'Eucharistie.**

- Passage biblique de ce Mystère : Matthieu 26:26-28.

*« Pendant le repas, Jésus, ayant pris du pain et prononcé la bénédiction, le rompit et, le donnant aux disciples, il dit : « Prenez, mangez : ceci est mon corps. ». Puis, ayant pris une coupe et ayant rendu grâce, il la leur donna, en disant : « Buvez-en tous, car ceci est mon sang, le sang de l'Alliance, versé pour la multitude en rémission des péchés. »*

- Fruit de ce Mystère : la pratique des Sacrements.

*Le Christ rompt le pain*

# LA PRIERE

## C/ Les Mystères douloureux (mardi, vendredi)

### 1er Mystère : L'Agonie de Jésus au Jardin des Oliviers.

- Passage biblique de ce Mystère : Matthieu 26:36-46.

*« Alors Jésus parvient avec eux à un domaine appelé Gethsémani et leur dit : « Asseyez-vous ici, pendant que je vais là-bas pour prier. ». Il emmena Pierre, ainsi que Jacques et Jean, les deux fils de Zébédée, et il commença à ressentir tristesse et angoisse. Il leur dit alors : « Mon âme est triste à en mourir. Restez ici et veillez avec moi. »*

*Allant un peu plus loin, il tomba face contre terre en priant, et il disait : « Mon Père, s'il est possible, que cette coupe passe loin de moi ! Cependant, non pas comme moi, je veux, mais comme toi, tu veux. »*

*Puis il revient vers ses disciples et les trouve endormis ; il dit à Pierre : « Ainsi, vous n'avez pas eu la force de veiller seulement une heure avec moi ? Veillez et priez, pour ne pas entrer en tentation ; l'esprit est ardent, mais la chair est faible. »*

*De nouveau, il s'éloigna et pria, pour la deuxième fois ; il disait : « Mon Père, si cette coupe ne peut passer sans que je la boive, que ta volonté soit faite ! »*

*Revenu près des disciples, de nouveau, il les trouva endormis, car leurs yeux étaient lourds de sommeil. Les laissant, de nouveau, il s'éloigna et pria pour la troisième fois, en répétant les mêmes paroles.*

*Alors il revient vers les disciples et leur dit : « Désormais, vous pouvez dormir et vous reposer. Voici qu'elle est proche, l'heure où le Fils de l'homme est livré aux mains des pécheurs. Levez-vous ! Allons ! Voici qu'il est proche, celui qui me livre. »*

- Fruit de ce Mystère : le regret de nos péchés, la pénitence.

## 2ème Mystère : La Flagellation de Jésus.

- Passage biblique de ce Mystère : Matthieu 27:26.

*« Alors, il leur relâcha Barabbas ; quant à Jésus, il le fit flageller, et il le livra pour qu'il soit crucifié. »*

- Fruit de ce Mystère : la mortification (maîtrise) de nos sens et de notre corps.

## 3ème Mystère : Le Couronnement d'épines.

- Passage biblique de ce Mystère : Matthieu 27:29-30.

*« Puis, avec des épines, ils tressèrent une couronne, et la posèrent sur sa tête ; ils lui mirent un roseau dans la main droite et, pour se moquer de lui, ils s'agenouillaient devant lui en disant : « Salut, roi des Juifs ! »*

*Et, après avoir craché sur lui, ils prirent le roseau, et ils le frappaient à la tête. »*

- Fruit de ce Mystère : la mortification de notre esprit (ego).

## 4ème Mystère : Le Portement de Croix.

- Passage biblique de ce Mystère : Luc 23:26-32.

*« Comme ils l'emmenaient, ils prirent un certain Simon de Cyrène, qui revenait des champs, et ils le chargèrent de la croix pour qu'il la porte derrière Jésus. Le peuple, en grande foule, le suivait, ainsi que des femmes qui se frappaient la poitrine et se lamentaient sur Jésus. Il se retourna et leur dit : « Filles de Jérusalem, ne pleurez pas sur moi ! Pleurez plutôt sur vous-mêmes et sur vos enfants ! Voici venir des jours où l'on dira : "Heureuses les femmes stériles, celles qui n'ont pas enfanté, celles qui n'ont pas allaité !" Alors on dira aux montagnes : "Tombez sur nous", et aux collines : "Cachez-nous.". Car si l'on traite ainsi l'arbre vert, que deviendra l'arbre sec ? ». Ils emmenaient aussi avec Jésus deux autres, des malfaiteurs, pour les exécuter. »*

- Fruit de ce Mystère : la patience dans les épreuves.

*Jésus porte sa croix*

## LA PRIERE

**5ème Mystère : La Crucifixion et mort de Jésus**

- Passage biblique de ce Mystère : Luc 23:33-46.

*« Lorsqu'ils furent arrivés au lieu-dit : Le Crâne (ou Calvaire), là ils crucifièrent Jésus, avec les deux malfaiteurs, l'un à droite et l'autre à gauche. Jésus disait : « Père, pardonne-leur : ils ne savent pas ce qu'ils font. » Puis, ils partagèrent ses vêtements et les tirèrent au sort.*

*Le peuple restait là à observer. Les chefs tournaient Jésus en dérision et disaient : « Il en a sauvé d'autres : qu'il se sauve lui-même, s'il est le Messie de Dieu, l'Élu ! ». Les soldats aussi se moquaient de lui ; s'approchant, ils lui présentaient de la boisson vinaigrée, en disant : « Si tu es le roi des Juifs, sauve-toi toi-même ! »*

*Il y avait aussi une inscription au-dessus de lui : « Celui-ci est le roi des Juifs. ». L'un des malfaiteurs suspendus en croix l'injuriait : « N'es-tu pas le Christ ? Sauve-toi toi-même, et nous aussi ! »*

*Mais l'autre lui fit de vifs reproches : « Tu ne crains donc pas Dieu ! Tu es pourtant un condamné, toi aussi ! Et puis, pour nous, c'est juste : après ce que nous avons fait, nous avons ce que nous méritons. Mais lui, il n'a rien fait de mal. ». Et il disait : « Jésus, souviens-toi de moi quand tu viendras dans ton Royaume. ». Jésus lui déclara : « Amen, je te le dis : aujourd'hui, avec moi, tu seras dans le Paradis. »*

*C'était déjà environ la sixième heure (c'est-à-dire : midi) ; l'obscurité se fit sur toute la terre jusqu'à la neuvième heure, car le soleil s'était caché. Le rideau du Sanctuaire se déchira par le milieu.*

*Alors, Jésus poussa un grand cri : « Père, entre tes mains je remets mon esprit. » Et après avoir dit cela, il expira. »*

- Fruit de ce Mystère : un amour plus grand pour Jésus, mort pour nous.

LA PRIERE

## D/ Les Mystères glorieux (mercredi, dimanche)

## 1er Mystère : La Résurrection de Jésus.

- Passage biblique de ce Mystère : Matthieu 28:1-10.

*« Après le sabbat, à l'heure où commençait à poindre le premier jour de la semaine, Marie Madeleine et l'autre Marie vinrent pour regarder le sépulcre.*

*Et voilà qu'il y eut un grand tremblement de terre ; l'ange du Seigneur descendit du ciel, vint rouler la pierre et s'assit dessus. Il avait l'aspect de l'éclair, et son vêtement était blanc comme neige.*

*Les gardes, dans la crainte qu'ils éprouvèrent, se mirent à trembler et devinrent comme morts.*

*L'ange prit la parole et dit aux femmes : « Vous, soyez sans crainte ! Je sais que vous cherchez Jésus le Crucifié. Il n'est pas ici, car il est ressuscité, comme il l'avait dit. Venez voir l'endroit où il reposait. Puis, vite, allez dire à ses disciples : "Il est ressuscité d'entre les morts, et voici qu'il vous précède en Galilée ; là, vous le verrez." Voilà ce que j'avais à vous dire. »*

*Vite, elles quittèrent le tombeau, remplies à la fois de crainte et d'une grande joie, et elles coururent porter la nouvelle à ses disciples.*

*Et voici que Jésus vint à leur rencontre et leur dit : « Je vous salue. » Elles s'approchèrent, lui saisirent les pieds et se prosternèrent devant lui.*

*Alors Jésus leur dit : « Soyez sans crainte, allez annoncer à mes frères qu'ils doivent se rendre en Galilée : c'est là qu'ils me verront. »*

- Fruit de ce Mystère : la foi.

## 2ème Mystère : L'Ascension de Jésus au ciel

- Passage biblique de ce Mystère : Actes 1:9-11.

*« Après avoir dit cela, il fut élevé pendant qu'ils le regardaient, et une nuée le déroba à leurs yeux. Et comme ils avaient les regards fixés vers le ciel pendant qu'il s'en allait, voici, deux hommes vêtus de blanc leur apparurent, et dirent : Hommes Galiléens, pourquoi vous arrêtez-vous à regarder au ciel ? Ce Jésus, qui a été enlevé au ciel du milieu de vous, viendra de la même manière que vous l'avez vu allant au ciel. ».*

- Fruit de ce Mystère : l'espérance et le désir du ciel.

*Jésus monté aux Cieux*

## 3ème Mystère : La Pentecôte (l'effusion du Saint-Esprit)

- Passage biblique de ce Mystère : Actes 2:1-41.

*« Quand arriva le jour de la Pentecôte, au terme des cinquante jours, ils se trouvaient réunis tous ensemble. Soudain un bruit survint du ciel comme un violent coup de vent : la maison où ils étaient assis en fut remplie tout entière. Alors leur apparurent des langues qu'on aurait dites de feu, qui se partageaient, et il s'en posa une sur chacun d'eux. Tous furent remplis d'Esprit-Saint : ils se mirent à parler en d'autres langues, et chacun s'exprimait selon le don de l'Esprit.*

*Or, il y avait, résidant à Jérusalem, des Juifs religieux, venant de toutes les nations sous le ciel. Lorsque ceux-ci entendirent la voix qui retentissait, ils se rassemblèrent en foule. Ils étaient en pleine confusion parce que chacun d'eux entendait dans son propre dialecte ceux qui parlaient. Dans la stupéfaction et l'émerveillement, ils disaient : « Ces gens qui parlent ne sont-ils pas tous Galiléens ? Comment se fait-il que chacun de nous les entende dans son propre dialecte, sa langue maternelle ? Parthes, Mèdes et Élamites, habitants de la Mésopotamie, de la Judée et de la Cappadoce, de la province du Pont et de celle d'Asie, de la Phrygie et de la Pamphylie, de l'Égypte et des contrées de Libye proches de Cyrène, Romains de passage, Juifs de naissance et convertis, Crétois et Arabes, tous nous les entendons parler dans nos langues des merveilles de Dieu. ».*

*Ils étaient tous dans la stupéfaction et la perplexité, se disant l'un à l'autre : « Qu'est-ce que cela signifie ? ». D'autres se moquaient et disaient : « Ils sont pleins de vin doux ! ».*

*Alors Pierre, debout avec les onze autres Apôtres, éleva la voix et leur fit cette déclaration : « Vous, juifs, et vous tous qui résidez à Jérusalem, sachez bien ceci, prêtez l'oreille à mes paroles. Non, ces gens-là ne sont pas ivres comme vous le supposez, car c'est seulement la troisième heure du jour. Mais ce qui arrive a été annoncé par le prophète Joël : Il arrivera dans les derniers jours, dit Dieu, que je répandrai mon Esprit sur toute créature : vos fils et vos filles prophétiseront, vos jeunes gens auront des visions, et vos anciens auront des songes. Même sur mes serviteurs et sur mes servantes, je répandrai mon Esprit en ces jours-là, et ils prophétiseront. Je ferai des prodiges en haut dans le ciel, et des signes en bas sur la terre : du sang, du feu, un nuage de fumée. Le soleil sera changé en ténèbres, et la lune sera changée en sang, avant que vienne le jour du Seigneur, jour grand et manifeste. Alors, quiconque invoquera le nom du Seigneur sera sauvé.*

*Hommes d'Israël, écoutez les paroles que voici. Il s'agit de Jésus le Nazaréen, homme que Dieu a accrédité auprès de vous en accomplissant par lui des miracles, des prodiges et des signes au milieu de vous, comme vous le savez vous-mêmes. Cet homme, livré selon le dessein bien arrêté et la prescience de Dieu, vous l'avez supprimé en le clouant sur le bois par la main des impies. Mais Dieu l'a ressuscité en le délivrant des douleurs de la mort, car il n'était pas possible qu'elle le retienne en son pouvoir. En effet, c'est de lui que parle David dans le psaume : je voyais le Seigneur devant moi sans relâche : il est à ma droite, je suis inébranlable.*

*C'est pourquoi mon cœur est en fête, et ma langue exulte de joie ; ma chair elle-même reposera dans l'espérance : tu ne peux m'abandonner au séjour des morts ni laisser ton fidèle voir la corruption. Tu m'as appris des chemins de vie, tu me rempliras d'allégresse par ta présence. Frères, il est permis de vous dire avec assurance, au sujet du patriarche David, qu'il est mort, qu'il a été enseveli, et que son tombeau est encore aujourd'hui chez nous.*

*Comme il était prophète, il savait que Dieu lui avait juré de faire asseoir sur son trône un homme issu de lui. Il a vu d'avance la résurrection du Christ, dont il a parlé ainsi : il n'a pas été abandonné à la mort, et sa chair n'a pas vu la corruption. Ce Jésus, Dieu l'a ressuscité ; nous tous, nous en sommes témoins. Élevé par la droite de Dieu, il a reçu du Père l'Esprit-Saint qui était promis, et il l'a répandu sur nous, ainsi que vous le voyez et l'entendez. David, en effet, n'est pas monté au ciel, bien qu'il dise lui-même : Le Seigneur a dit à mon Seigneur : "Siège à ma droite, jusqu'à ce que j'aie placé tes ennemis comme un escabeau sous tes pieds."*

*Que toute la maison d'Israël le sache donc avec certitude : Dieu l'a fait Seigneur et Christ, ce Jésus que vous aviez crucifié. »*

*Les auditeurs furent touchés au cœur ; ils dirent à Pierre et aux autres Apôtres : « Frères, que devons-nous faire ? ». Pierre leur répondit : « Convertissez-vous, et que chacun de vous soit baptisé au nom de Jésus Christ pour le pardon de ses péchés ; vous recevrez alors le don du Saint-Esprit. Car la promesse est pour vous, pour vos enfants et pour tous ceux qui sont loin, aussi nombreux que le Seigneur notre Dieu les appellera. »*

*Par bien d'autres paroles encore, Pierre les adjurait et les exhortait en disant : « Détournez-vous de cette génération tortueuse, et vous serez sauvés. ». Alors, ceux qui avaient accueilli la parole de Pierre furent baptisés. Ce jour-là, environ trois mille personnes se joignirent à eux. »*

- Fruit de ce Mystère : la descente du Saint-Esprit en nous.

### 4ème Mystère : L'Assomption

- Passage biblique de ce Mystère : Luc 1:46-48

« *Marie dit alors : « Mon âme exalte le Seigneur, exulte mon esprit en Dieu, mon Sauveur ! Il s'est penché sur son humble servante ; désormais tous les âges me diront bienheureuse. »*

- Fruit de ce Mystère : la grâce d'une bonne mort.

### 5ème Mystère : Le Couronnement de Marie au ciel

- Passage biblique de ce Mystère : Apocalypse 12:1.

« *Un grand signe apparut dans le ciel : une Femme, ayant le soleil pour manteau, la lune sous les pieds, et sur la tête une couronne de douze étoiles.* »

- Fruit de ce Mystère : confiance et dévotion à la Vierge Marie.

# ANNEXE

# LE MEMORANDUM DU CROYANT

« *Car Dieu a tant aimé le monde qu'il a donné son Fils unique, afin que quiconque croit en lui ne périsse point, mais qu'il ait la vie éternelle.* »

(Jean 3:16)

# LE MEMORANDUM

Je vous invite à lire plusieurs fois ce livre. Ce faisant, vous redécouvrirez des éléments importants que vous n'aviez peut-être pas vus lors de la lecture précédente. Pour autant, j'ai souhaité rédiger ce petit mémorandum afin de synthétiser une « feuille de route » du croyant, résultant de tout ce qui a été développé antérieurement.

1° Dieu est le créateur de toute chose et nous lui devons tout

La foi ne se décrète pas : nous l'avons ou nous ne l'avons pas. Si vous avez acquis cet ouvrage, c'est que vous avez foi en Dieu. En ce cas, vous savez que vous lui devez votre existence et tout ce dont vous disposez. Vous comprenez aussi que de ce fait il est important de nourrir une relation continue avec lui, puisque de lui vous dépendez. Vous conservez à l'esprit que vous lui devez dévotion, amour et gratitude que vous exprimerez régulièrement. Vous ne vivrez pas simplement une incarnation humaine où Dieu n'a aucune place, mais au contraire le mettrez au centre de votre vie.

Pour d'autres, cette foi peut être problématique. A ces personnes, je dis : adressez-vous à Dieu, intégrez-le dans votre vie et voyez ce qui se passe ! Trouvez ainsi un moment durant votre journée pour vous recueillir dans un lieu tranquille de votre habitation. Normalement, je vous suggèrerais de commencer par réciter le « Notre Père », mais si votre foi est incertaine vous pourrez pour l'heure négliger cette étape. Exprimez-vous ensuite à Dieu en ces mots par exemple : « Dieu, je viens à toi, mais je ne suis pas sûr d'avoir la foi. Je ne suis pas sûr de croire en ton existence. Je voudrais y croire, mais je doute. Eclaire-moi, assiste-moi, aide-moi à me rapprocher de toi. S'il te plait, envoie-moi un signe clair de ta présence à mes côtés ». Chaque jour suivant, retournez à votre lieu de prière et adressez une courte prière du type : « En ce nouveau jour, je m'adresse à toi Dieu pour te manifester mon souhait de t'intégrer à ma vie. Assiste-moi, guide-moi, protège-moi s'il te plait. Je te remercie ! ». Faites ceci pendant un mois et observez les évolutions qui s'opèreront dans votre vie. Si votre cœur est sincère et votre volonté d'inclure Dieu dans votre vie réelle, vous constaterez des changements heureux. Cela sera le point de départ de votre foi qui se développera progressivement.

## 2° L'intégration de Dieu dans notre vie par les prières quotidiennes

Afin de nous maintenir illuminés de la présence de Dieu, il est important de conserver un régime quotidien de prières. Ce faisant, nous témoignons de notre foi en son existence et manifestons de notre volonté de marcher en sa compagnie le long de notre vie.

En pratique, nous saluons Dieu chaque matin avant de commencer notre journée. Nous le remercions pour ce nouveau jour qui débute, et lui demandons d'être à nos côtés. Idéalement, nous le saluons le soir avant de nous coucher, le remercions pour toutes les expériences vécues et sollicitons sa clémence pour les travers qui ont pu être les nôtres.

## 3° Nous développons notre lien à Dieu en lui parlant sans cesse

Intégrer Dieu dans notre vie ne se limite pas à un ou deux moments de prières à notre domicile. Vivre dans la lumière de Dieu ne saurait se résumer en un « exercice » à accomplir chaque matin ou chaque soir, mais en maintenant notre ligne de communication avec lui en toute circonstance, selon les événements que nous traversons. Ainsi, si vous conduisez et évitez de peu un accident, prenez quelques secondes soit dans votre tête, soit en murmures, soit à voix haute pour remercier Dieu de vous avoir protégé. Si vous apprenez une heureuse nouvelle tel un emploi que vous venez de trouver, une promotion, une belle rencontre (dans quelque domaine que ce soit), remerciez Dieu pour les bontés dont il vous fait profiter. Vous pourrez le remercier avant le coucher pendant de la prière du soir, mais ne vous privez pas en temps réel et où que vous soyez d'avoir ce remerciement envers lui. Ce faisant, vous maintenez la présence de Dieu permanente dans votre vie, et non uniquement quand vous êtes en prières chez vous. La prière cesse ainsi d'être un « exercice », mais devient un mode de vie où vous manifestez cette connexion à Dieu à chaque instant.

Vous maintiendrez cette discussion avec Dieu même si vous vivez un moment pénible. Ce sera une excellente occasion de vous confier à lui ! Nous ne parlons pas à Dieu que pour dire merci ou lorsque tout va bien, mais à tout moment, même (voire surtout) quand les choses sont difficiles. Dans ces moments délicats, affirmez votre foi en Dieu, demandez-lui son assistance. Le but est de maintenir cette communication tout au long de notre journée si nous en éprouvons le besoin.

Vous utiliserez également en répétition lors de vos promenades ou chez vous, que ce soit 10 minutes ou plus « la prière de Jésus » (*page 105*), le « Notre Père » (*page 92*), ou encore « la prière de la sérénité » (*page 159*). A d'autres moments vous penserez à pratiquerez chez vous « la prière silencieuse » (*page 207*).

## 4° Nous approfondissons notre lien avec Dieu par certaines prières

Nous continuons à intégrer Dieu dans notre vie et à développer notre relation avec lui par l'usage de prières spécifiques. Ainsi, nous aurons l'habitude par moments d'exprimer notre adoration. A d'autres moments, nous témoignerons nos regrets pour notre comportement au travers de prières de confession (simples ou neuvaines). Si nous sommes en difficulté, nous lui adressons une requête. Il n'est pas un moment que nous ne pouvons utiliser pour manifester de diverses manières notre amour et foi en Dieu.

## 5° Nous n'oublions jamais de manifester notre gratitude

Ceci s'opère par la prière quotidienne du matin et du soir, mais plus encore en toute circonstance, qu'il s'agisse d'agréables ou de moins agréables moments. Ainsi, si vous obtenez un gain quelconque (amoureux, financier, professionnel, une aide d'un tiers, un repas en famille ou amical agréable, des vacances que vous allez avoir, etc.), remerciez Dieu. Si vous croisez des malheureux ou des malades dans la rue ou dans tout autre lieu public, remerciez-le également de ne pas être à leur place. Si une facture imprévue tombe et que vous pouvez la payer, même si cela représente une mauvaise nouvelle, remerciez Dieu de vous permettre de la payer. Si vous marchez dans une forêt ou au bord de la mer, remerciez Dieu de pouvoir jouir de tels paysages qu'il vous offre de contempler. Si un automobiliste vous fait une tête à queue et que vous évitez la collision, plutôt que d'insulter le conducteur, remerciez Dieu de vous avoir préservé. Si un partenaire souhaite vous quitter et que la situation apparaît irréversible, remerciez Dieu de vous avoir permis de vivre cette histoire, ainsi que du prochain partenaire qu'il prévoit pour vous, et ainsi de suite.

## 6° Nous honorons Dieu en respectant ses Lois dans notre vie

Notre connexion à Dieu ne se limite pas à notre relation avec lui. Elle passe par le rapport que nous avons avec autrui. Considérez la prière à Dieu et tout ce qui précède comme la partie théorique de notre spiritualité, et notre comportement en société comme son aspect pratique.

Dès lors, nous conduisons notre vie à l'aune de ses Lois, et ne manquons jamais une occasion de manifester compassion, générosité, amour, empathie et assistance. Cette attitude comprend un versant actif et un versant passif.

*Dans son aspect actif* (le « *faire* ») : si vous croisez un malheureux dans la rue, faites preuve de charité. Si un de vos amis vous appelle le soir et que vous savez qu'il ne va pas bien, décrochez. Si un membre de votre famille est malade, allez lui rendre visite. S'il habite trop loin pour des visites, appelez-le régulièrement pour prendre de ses nouvelles et lui témoigner votre affection. Si vous suspectez un de vos collègues de traverser une phase difficile de sa vie, proposez-lui de prendre un verre un soir après le travail. Si vous croisez une personne aveugle dans la rue, proposez-lui de l'aider à traverser la rue, voire de l'escorter à sa destination. De temps à autre, donnez à des œuvres caritatives de votre choix, humaines ou animales (ou pour toute cause qui vous touche). De manière générale, soyez dans la bonté, la générosité, traitez votre prochain avec respect et bienveillance, sachez pardonner ceux qui vous ont heurté. Encouragez votre entourage dans leurs objectifs, sans craindre que cela puisse vous affecter.

*Dans son aspect négatif* (le « *ne pas faire* ») : refrénez-vous des sentiments de colère envers autrui. Ne soyez pas envieux. Ne jalousez pas ce que sont les autres ou ce qu'ils possèdent. Ne convoitez pas ce qui ne vous appartient pas. Ne prenez pas ce qui ne vous revient pas. Ne souhaitez pas le mal à qui que ce soit : ni la ruine d'un concurrent, ni une rupture amoureuse, ni la maladie, l'échec, ou la mort. Ne réagissez pas à la violence par la violence. Si quelqu'un altère un de vos droits, défendez-vous avec les outils légaux à votre disposition, mais n'entrez pas dans une dynamique de vengeance ou de méchanceté. Si des personnes ne vous apprécient pas, ignorez-les, ne rentrez pas dans le jeu de la haine. Si quelqu'un souhaite prendre ses distances avec vous, respectez son libre arbitre, ne la détestez pas du fait de sa décision. Ne conduisez pas votre vie à l'aune de vos seuls intérêts égotistes ou narcissiques, et au détriment d'autrui. Ne passez pas votre temps à blâmer, juger, ou condamner les autres. Ne manquez pas de loyauté, de sincérité, ni d'honnêteté envers votre prochain afin d'assouvir un intérêt personnel. Ne vivez pas votre vie dans l'amertume ou le ressentiment.

Je pourrais continuer concernant le côté actif ou passif du respect des Lois divines, mais cela vous donne déjà une direction. Il est peut-être des aspects que vous avez déjà intégrés à votre vie, mais peut-être d'autres méritent d'être travaillés davantage. Plus vous conduirez votre vie à l'aune de ces principes, plus votre communication avec Dieu sera directe, pure, et puissante, puisque votre lumière divine qui est une des composantes de votre être sera brillante. En retour, Dieu qui constatera que vous faites au mieux pour respecter ses Lois et diffuser sa lumière dans ce monde, vous récompensera de son amour et de ses grâces.

*Dieu est toujours présent pour nous*

# CONCLUSION

Nous voici arrivés au terme de cet ouvrage. Je souhaite qu'il vous ait éclairé sur le mécanisme de la prière, et qu'il vous ait donné tous les outils afin de développer votre spiritualité. Car comme je l'indiquais en introduction, plus qu'un simple livre de prières, l'objectif ici est de vous aider à nourrir et à croître votre amour et votre proximité avec Dieu.

En tant qu'enfants chéris du Père, nous avons l'immense privilège de pouvoir bénéficier de sa bonté, de sa tendresse et de sa présence durant notre existence. Développer notre foi envers Dieu, à une époque où le monde devient difficile, est notre seul espoir de salut. Dieu est toujours à nos côtés mais combien d'entre nous conservent-ils la fenêtre fermée, empêchant ainsi sa lumière de se diffuser ? Je souhaite que cet ouvrage vous aide à ouvrir cette lucarne, à remettre Dieu au cœur de votre vie.

Comme il a été dit précédemment, la prière est un outil, mais qui en réalité témoigne d'un mode de vie. Elle n'est point une technique isolée ou épisodique que nous pratiquerions à quelques moments choisis. Elle est le pilier quotidien qui nous permet de marcher dans la conscience et l'amour de Dieu. La prière n'est pas l'objectif : elle est le chemin.

Puissiez-vous chers lecteurs poursuivre votre route dans l'amour et la lumière de Dieu. Puissiez-vous chaque jour vivre dans la confiance que vous n'êtes jamais seul, et qu'il vous suffit de vous ouvrir au Père pour être entendu. Puissiez-vous éprouver chaque moment de votre vie comme une fantastique opportunité d'appliquer les Commandements de Dieu et les enseignements du Christ. Puissiez-vous exprimer à chaque instant l'existence en vous de Dieu au profit de tous ceux que vous croiserez et qui auront besoin de cette lumière divine.

Nous pouvons choisir de vivre notre quotidien individuellement étant prisonniers des contingences de ce monde, ou au contraire faire de chaque instant une manifestation éclatante de la présence de Dieu. Que chacun d'entre nous utilise sa foi, et chaque jour de sa vie pour agir sur Terre comme un conduit de la lumière de Dieu.

Que Dieu vous bénisse.

Angelo Santo, St Petersburg, 10 janvier 2023.

*« En vérité, en vérité, je vous le dis, celui qui croit en moi a la vie éternelle. »*

(Jean 6:47)

# TABLE DES MATIERES

| | |
|---|---|
| **Introduction** | 7 |
| **Partie 1 : La Prière** | 11 |
| **Part 2 : L'autel spirituel** | 75 |
| **Part 3 : Prières traditionnelles** | 89 |
| Chapitre 1 : Prières à Dieu | 91 |
| Chapitre 2 : Prières à la Vierge Marie | 101 |
| Chapitre 3 : Prière au Christ et Esprit-Saint | 105 |
| **Partie 4 : Les prières générales** | 111 |
| Chapitre 1 : La prière d'adoration | 113 |
| Chapitre 2 : la prière de gratitude | 119 |
| **Partie 5 : Prières spécifiques** | 129 |
| Chapitre 1 : La prière de gratitude | 131 |
| Chapitre 2 : La prière de confession | 137 |
| Chapitre 3 : La prière d'assistance | 143 |
| Prière à Dieu en cas de désespoir | 153 |
| Prière à Dieu contre ses ennemis | 155 |
| Prière à Dieu pour être guidé et inspiré | 157 |
| La prière de la sérénité | 159 |
| Prière au Christ pour trouver un travail | 162 |
| Prière au Christ contre les addictions | 164 |
| Prière au Christ pour une réconciliation | 166 |
| Prière au Christ contre les forces du mal | 168 |
| Prière au Christ pour se purifier | 171 |
| Prière au Christ avant un procès | 174 |
| Prière au Christ avant un examen/concours | 176 |
| Prière au Christ pour une guérison | 178 |
| Prière au Christ quand tout semble bloqué | 180 |

| | |
|---|---|
| Prière au Christ pour bénir une maison | 182 |
| Prière à la Vierge Marie pour protéger une grossesse | 185 |
| Prière à la Vierge Marie pour protéger un enfant | 187 |
| Prière à la Vierge Marie pour favoriser une grossesse | 189 |
| Prière à la Vierge Marie pour la réconciliation d'un couple | 191 |
| Prière à la Vierge Marie contre les forces du mal | 194 |
| Prière à la Vierge Marie pour nous réconforter | 197 |
| Prière à la Vierge Marie pour la guérison | 199 |
| Prière à la Vierge Marie pour défaire un obstacle | 201 |
| Prière à la Vierge Marie pour trouver l'amour | 205 |
| Chapitre 4 : la prière silencieuse | 207 |
| **Partie 6 : La neuvaine et le rosaire** | **215** |
| Chapitre 1 : la neuvaine | 217 |
| Neuvaine de deuil envers Dieu, Jésus, Marie | 219 |
| Neuvaine de pénitence envers Dieu | 227 |
| Neuvaine d'assistance auprès du Christ | 244 |
| Chapitre 2 : Le Rosaire | 249 |
| Les Mystères joyeux | 255 |
| Les Mystères lumineux | 261 |
| Les Mystères douloureux | 266 |
| Les Mystères glorieux | 270 |
| Annexe : le mémorandum du croyant | 275 |
| **Conclusion** | **283** |

# LA PRIERE

# LA PRIERE

Printed in France by Amazon
Brétigny-sur-Orge, FR